DÉLINQUANTS ET PSYCHANALYSTES

Des mêmes auteurs :

Les parents martyrs, Privat, 1982

9, rue Saulnier, 75009 Paris
ISBN : 2-86984-005-5

Jean-Pierre et Laetitia CHARTIER

DÉLINQUANTS ET PSYCHANALYSTES

Les Chevaliers de Thanatos

HOMMES & GROUPES ÉDITEURS

Remerciements

Nous tenons à manifester notre reconnaissance à :

Lionel Beliveau, Directeur Général, et Marcel Courtemanche, adjoint au directeur, des Services Professionnels de l'Institut Philippe Pinel de Montréal, pour leur accueil et leur souci d'échanges ;

Piera Aulagnier, Janine Chasseguet-Smirgel et René Major, pour l'intérêt qu'ils ont manifesté pour notre recherche et leur démarche aux confins de l'analysable qui nous ont, de tout temps, stimulés et encouragés ;

Jean-Claude Ferrand, Fondateur de l'Association Vers la Vie, Roger Bello, son Directeur Général, qui nous ont fourni, outre le cadre institutionnel de ce travail, l'appui de leur pensée dialectique et de leur volonté d'innover au service des adolescents marginaux ;

Enfin, aux Travailleurs Sociaux qui œuvrent avec compétence et dévouement au service de Soins et d'Éducation Spécialisée à domicile, de la rue de la Sablière.

Puissent-ils tous voir ce livre comme un témoignage de notre gratitude.

A la mémoire de Charlotte Violet
et de Jean Chartier

AVERTISSEMENT

Pourquoi la lecture d'ouvrages de sciences humaines, écrits par des professionnels brillants que nous admirons depuis longtemps déçoit-elle si souvent les praticiens ? Parce qu'à de rares exceptions, leurs œuvres ne contiennent pas la moindre notation clinique personnelle, et que les auteurs semblent éluder soigneusement l'exposé de leur travail avec leurs patients. On dirait même qu'ils s'interdisent de parler de leur pratique pour mieux convaincre. Seraient-ils prisonniers d'un mode bien français de la transmission de la recherche scientifique pour qui le moi est resté haïssable ?

En dépit de notre souci d'élaboration théorique, le style universitaire académique nous a paru inapte à rendre compte, à lui seul, des singularités et difficultés de la rencontre entre délinquants et psychanalystes. Aussi la description de nos prises en charge risque-t-elle de choquer, en raison du mode relationnel établi avec des sujets qui ne supportent ni la morsure du manque, ni la neutralité, fût-elle bienveillante, et font surgir chez l'autre des sentiments ambivalents de fascination et de répulsion.

Nous avons tenté d'écrire ce livre à l'image des biographies de psychopathes : Histoire pleine d'histoires, récit de nos tribulations avec ceux qui nous ont appris ce que nous savons et surtout nous ont conduits à mesurer la limite de notre action. Au lecteur de nous dire si nous nous sommes complus dans l'anecdotique, ou si ce mode d'exposition facilite la compréhension des personnalités toxicomaniaques et délinquantes.

INTRODUCTION

« Je suis moi-même encore singulièrement touché que les histoires de malades que j'écris se lisent comme des romans. »
Sigmund Freud(1)

Si Freud évoque le genre romanesque à propos du récit de cas d'hystériques, si le conte fantastique peuplé de divinités maléfiques s'applique sans peine aux psychotiques, les tribulations des psychopathes et grands toxicomanes s'apparentent à nos yeux à la chanson de Geste.

Mais d'abord faut-il préciser ce qu'il y a de commun entre le drogué en quête de Nirvana et le loubard au crâne rasé, ivre de colère et de haine dans son défi permanent contre la société. L'histoire singulière de certains de nos patients et l'intrication fréquente des deux pathologies nous ont conduits à opérer ce rapprochement qui se redouble, nous essaierons de le prouver, d'une homologie structurale dans le domaine pulsionnel.

Encore devons-nous cerner la personnalité du psychopathe, entre les descriptions communément admises par la littérature psychiatrique et psychanalytique, et ce qu'il montre au praticien qui a su capter sa confiance. A partir d'une fréquentation quotidienne de quinze années, il nous est apparu qu'à l'instar de Janus il avait deux visages, dont l'un jalousement tenu caché. Ce n'est que par inadvertance qu'il laisse surprendre sa face altruiste, à moins d'occurrences exceptionnelles (ainsi Jacques Mesrine mit-il plusieurs fois en jeu sa vie et sa liberté dans sa croisade contre les quartiers de haute sécurité, et nombre de nos clients nous surpri-

(1) *Études sur l'Hystérie,* p. 127, PUF 1975.

rent occasionnellement par une délicatesse et des qualités de cœur que nous n'aurions pas soupçonnées). En règle générale, il exhibe le masque arrogant et égocentrique de bagnard de Tataouine, qui inspira la description princeps de Dupré, du pervers inéducable, inintimidable et inamendable.

La quête de jouissance et de puissance régit son existence, ainsi joue-t-il répétitivement sa version de la dialectique du Maître et de l'Esclave : autrui n'est qu'un instrument, il tire plaisir de sa terreur ou de sa soumission. Pour seule décharge de ses tensions psychiques, il a recours à l'agir qui le soulage un instant mais ne lui permet nul accès à la maîtrise pulsionnelle ; pas plus que la prise de poudre pour l'héroïnomane assujetti à répéter inlassablement son geste, même lorsque s'est évanoui le leurre du plaisir et que seul reste l'empire taraudant du manque. Il vit toutefois dans la nostalgie du flash, de même que le psychopathe recherche passionnément les moments extrêmes où, parfois dans un luxe de mise en scène macabre, il risque sa vie. L'un et l'autre gardent secrètement l'espoir d'une relation fusionnelle totalement satisfaisante, illusion qui conforte singulièrement les sentiments de fascination qu'ils inspirent à certains.

Au présent comme au passé, l'histoire de ces sujets est pleine de bruits, de fureur et de malédictions. Dès l'aube de leur vie, ils ont connu la carence, voire l'abandon ; ils ont rencontré le déchaînement des passions : haine et amour immodéré, violences verbales ou physiques dont ils ont été témoins et/ou victimes, familiarité avec le suicide ou le meurtre que ne frappait aucun interdit. Pour échapper à la mort réelle ou à la folie, ils ont adopté la voie de l'agir ou de l'addiction, sans mettre en place les moyens de l'élaboration psychique. Deux brefs exemples cliniques illustreront ces propos, mettant l'accent sur l'aspect inducteur de la violence et de la haine parentale.

Fayçal, fils d'un harki, ancien baroudeur en Indochine, trafiquant de drogue occasionnel et proxénète conjugal, naquit et grandit dans un univers où les coups tenaient lieu de langage. Pour bien faire comprendre tout ordre adressé aux enfants, on y adjoignait une paire de gifles. Les erreurs et manquements valaient à tout le moins une raclée. La mère, mariée par sa famille à douze ans, prostituée contre son gré, était aussi une femme quotidiennement battue. Elle se vengeait en appliquant de mauvais traitements aux enfants et en terrorisant le voisinage. Le drame que tout le monde attendait eut lieu le jour où Madame X tua son mari d'un coup de feu.

Le soir même, elle couchait en prison et les neuf enfants étaient répartis dans les foyers de la DASS, sans que quiconque, sauf les copains bien intentionnés, ne les informe du motif de leur placement. Fayçal se rendit rapidement célèbre dans tout le département par l'intensité de ses comportements caractériels et l'importance de ses conduites auto-agressives suffisamment graves pour justifier des hospitalisations en chirurgie, notamment lors d'ingestion de lames de rasoir, de punaises ou de clous. Suivaient des séjours plus ou moins longs en psychiatrie, dont sa violence le faisait renvoyer, car plus on s'occupait de lui, plus il se déchaînait, comme si l'intérêt manifesté par autrui représentait une effraction insupportable dans son espace privé, en même temps qu'il ne supportait pas d'être délaissé, et traitait les autres pensionnaires en esclaves. Dans ce contexte répétitif de rejet, Fayçal s'adonna à l'Héroïne et s'installa dans la délinquance.

Si, dès l'enfance, Fayçal vécut dans un univers de violence, si la nature des sentiments que se portaient ses parents ne fait aucun doute, rien ne permet d'assurer qu'il ait été singulièrement l'objet d'une inimitié particulière. Sa mère, pour brutale et excessive qu'elle soit, n'est pas exempte d'une certaine chaleur envers les enfants.

Il en va tout autrement des rapports de Gwendoline avec la sienne. Arrogante, cynique, blasée, nymphomane, elle arbore en permanence une attitude de défi du haut de ses quinze ans et de son mètre quatre-vingts. Trois ans auparavant, elle a quitté le lycée pour devenir l'égérie d'une bande de dealers majeurs très fortement délinquants du Forum des Halles : c'est de l'avis de tous une forte tête que nul n'a réussi à mater. Elle a l'art de semer la discorde parmi les gens qui l'approchent, aussi bien congénères qu'adultes censés s'occuper d'elle. L'attitude de la fille n'a rien à envier à celle de la mère, qui hante services sociaux, tribunal pour enfants, cabinets de professeurs de pédo-psychiatrie, voire antichambres de ministères, pour crier au scandale et dénoncer l'incurie des spécialistes incapables d'avoir la loi avec Gwendoline. Mais très vite, en entretien, elle en vint aux confidences sur sa fille et elle-même.

Dès la naissance, elle avait su qu'elle n'aurait qu'une méthode : la rompre, la briser, d'ailleurs toute petite, cet enfant était déjà capable de mettre à merci n'importe quel adulte. Elle aurait aimé la faire disparaître, à défaut il lui fallait la dompter. Elle évoqua, les larmes aux yeux, les obsèques du fils de sa meilleure amie :

qu'elle aurait donc été heureuse si Gwendoline, encore toute petite, eût occupé dans le cercueil la place du bébé mort ; cela aurait d'ailleurs fait l'affaire de tout le monde, notamment celle des parents endeuillés. Peu de temps après cet enterrement, elle prit l'habitude, pour venir à bout des caprices de la fillette terrorisée, de lui appliquer un pistolet chargé sur la tempe ; elle m'a confié avoir eu souvent la tentation de tirer.

S'il restait un doute sur la nature de leurs échanges, Gwendoline se chargea de le lever en apportant à son éducatrice la bande magnétique d'une de ses innombrables disputes avec sa mère. Laissons-leur la parole :

« — Tu es paresseuse, tu as tous les vices en "euse"... Il y a deux ans que tu m'empoisonnes la vie, tu sais ce que c'est deux ans ? Deux fois trois cent soixante-cinq jours !... Et puis, douze ans plus tôt tu m'empoisonnais aussi l'existence, tout comme celle de ton père, de ta sœur et de toute la famille, tout le monde t'a rejetée...

— Pourquoi m'as-tu mise au monde ? Pourquoi t'es-tu fait sauter par mon père, tu voulais bien de moi ? Non !

— Mais on ne sait pas, quand on met un enfant au monde, qu'on met un monstre au jour... Ton père n'a pas voulu de toi, il t'a rejetée comme un paquet de linge sale... Toi et moi, je te l'ai dit, c'est fini, je ne veux plus entendre parler de toi, plus jamais. Je vais faire dresser un chien enragé à ton odeur, tu ne pourras même pas arriver jusqu'au palier ! De ma vie, je ne te reverrai...

— Tu seras obligée, c'est un abandon d'enfant.

— C'est bien ce que j'ai l'intention de faire. »

Pourtant, quelques semaines plus tard, elle manifestait l'intention d'aider concrètement sa fille : le seul intérêt jamais manifesté par Gwendoline pour la vie sociale est sa passion du cheval, que lui a sans doute inculquée sa mère, férue elle-même d'équitation. Sa seule demande à l'égard du service fut qu'on l'aide à pratiquer plus intensément cette activité. Nous avons accepté, avec apparemment le concours inconditionnel de Madame N. Elle alla jusqu'à lui acheter une jument ce qui, compte tenu de ses moyens financiers plutôt modestes, représentait un très gros effort. Or, le discours qu'elle tint lors de cette acquisition se passe de commentaires et laissa la monitrice du manège sans voix : « Dis-toi bien que je ne te fais pas un cadeau, mais que je mets à ta disposition un outil de travail, comme j'aurais pu le faire d'une machine à écrire. Il s'agit maintenant que tu fasses des progrès et si tel n'est pas le cas, je me débarrasserai de cet animal, quitte à le faire piquer si je n'arrive pas à le revendre. Il ne te servira à rien, ce jour-là, de me jouer la comédie de l'affection... » Les capacités d'aimer de sa fille, la mère n'en a cure, elle les dénie : les reconnaîtrait-elle ? Elle en serait jalouse...

Depuis sa petite enfance, Gwendoline n'a rien pu ignorer de la haine maternelle, aussi bien à son égard qu'à celui de son père, ni des vœux de mort forgés à son endroit. S'identifiant au monstre qu'on voyait en elle, elle s'est efforcée, des années durant, d'être conforme au modèle proposé : « Tu es la créature la plus immonde que j'aie jamais rencontrée, un être ignoble, une erreur de la nature, une abomination... ». Le ton contenu, assourdi de la voix piégée par la cassette, ajoute au malaise engendré par les propos.

Sans anticiper sur nos développements théoriques[(1)], notons que sont à l'œuvre dans ces deux histoires, comme dans celles de tous les sujets qui présentent les mêmes traits de personnalité, des forces de destruction qui se sont opposées et s'opposent toujours à l'établissement de relations positives entre eux-mêmes et le monde. De surcroît, leur familiarité précoce avec la violence et la haine a brouillé leurs repères identificatoires, les a empêchés de découvrir la ligne de partage entre le Possible et l'Impossible, de percevoir la frontière entre le Permis et le Défendu. Ainsi furent-ils conduits à dénier au réel et à autrui le droit d'être la limite de leur soif de jouissance. Or, croyant mettre toute leur énergie au service du principe de plaisir, ils se retrouvent en fait sous l'emprise de la pulsion de mort.

Aventuriers aux marges de la société et aux lisières du vivant, ces jeunes de plus en plus nombreux se livrent à l'instinct de mort à travers les toxicomanies, l'agression physique et le suicide. Chevaliers sans peur et sans conscience, ils ont fait de leur désir la loi de leur existence au mépris de leur survie et aussi parfois de la vie d'autrui. Ils chevauchent sous la bannière arrogante de la Dame à la Licorne « à mon seul plaisir... » absolu. Défi est leur devise, transgression leur aventure quotidienne. Leurs prouesses sont des "casses", leurs faits d'armes des "braquages". Parfois le meurtre sera l'exploit de toute leur vie.

Mais sous l'armure du caractériel sûr de lui et dominateur, du pervers inéducable, inintimidable et inamendable, se terre le

(1) Cf. chapitre 4.

« paladin à la triste figure ». Dépression est son lot journalier, mort prématurée sa sentence. Il porte dans l'ignorance les couleurs de Thanatos[1] dont il est le trop fidèle et trop héroïque desservant ; il deviendra, à son insu, le preux d'une cavalcade sauvage et sans issue. Au Moyen-Age, le chevalier se distinguait par sa noble courtoisie, sa fidélité à son suzerain, son dévouement permanent à la veuve et l'orphelin, sans parler de sa soumission illimitée à sa dame. La dame, la veuve, le suzerain du psychopathe et du grand toxicomane, c'est sa mort. En l'attendant, il se vit comme l'éternel orphelin de "bons parents" qui lui ont fait défaut et violence. Sa haine, sa rage et son absence d'espoir découragent ceux qui essaient parfois de l'approcher.

Assisterions-nous aujourd'hui à la naissance de la chevalerie des voyous, en attendant demain la croisade des crapules ? Quel équivalent moderne de la *Nef des Fous* attend ces desperados ? La voix populaire réclame des lieux d'emprisonnement pour les mettre hors d'état de nuire. La vindicte de certains, au nom dc la loi du talion, exige des représailles, voire le châtiment suprême. Il n'est guère aisé actuellement d'adopter vis-à-vis de ces parias l'attitude humaniste de Pinel envers les aliénés.

Certes, comme nous le verrons, il existe des pays où l'État reconnaît en tout criminel un éventuel candidat à la réhabilitation ; certes en France, depuis 1945, l'effort public s'est porté sur la prévention de la délinquance, même l'usage de la drogue a été dépénalisé depuis qu'en 1970 le législateur a donné priorité au soin sur la répression. Il n'empêche que l'itinéraire des psychopathes continue de les conduire de l'errance de la marginalité à l'enfermement carcéral, avec parfois un détour par l'hospitalisation psychiatrique, dont ils se font régulièrement exclure.

L'abord thérapeutique de ces sujets rétifs s'avère, il faut le souligner, particulièrement ardu, puisqu'ils ne formulent aucune demande de changement, sauf en de rares moments : lors d'une première incarcération, à l'occasion d'une blessure grave reçue en quelque rixe, ou bien quand vacille l'habituel recours aux toxiques. Encore s'agit-il bien souvent de velléités qui s'évanouiront

---

(1) Thanatos, ou pulsion de mort, désigne une catégorie fondamentale de pulsions qui s'opposent aux pulsions de vie et qui tendent à la réduction des tensions, c'est-à-dire à ramener l'organisme vivant à l'état anorganique : tendant à l'origine à l'autodestruction, elle se manifeste ensuite par l'agression et la destruction d'autrui.

dès que s'estompera l'angoisse. Faut-il donc, en matière de psychopathie, exclure toute dimension thérapeutique et se résigner à l'alternative prévention/répression ? C'est bien ce que semble indiquer Freud, suivi par l'écrasante majorité de ses successeurs, lorqu'il déclare : « La psychothérapie analytique n'est pas un procédé de traitement de la dégénérescence psychopathique, c'est même là qu'elle se voit arrêtée »[1].

Il existe des prises en charges éducatives et communautaires de toxicomanes et de délinquants. Toutes sont fondées, implicitement ou explicitement, sur une pédagogie du quotidien destinée à déconditionner la personne de ses conduites morbides, pour lui faire découvrir un mode de vie convivial. Pour protéiforme et diversement codifié qu'il soit, l'abord comportementaliste part des mêmes présupposés. Il vise à obtenir l'acquisition durable de transactions convenables avec l'environnement familial et social. Quasiment inconnues en France, les théories phénoménologiques permettent une autre approche : s'inspirant des méthodes cognitives récemment promues par la psychologie nord-américaine, elles intègrent la dimension de l'histoire personnelle[2]. Or, ces techniques, qui se présentent volontiers comme révolutionnaires, ne se contentent-elles pas de reproduire des pratiques de l'ère pré-freudienne ?

La psychanalyse doit-elle donc se résoudre, comme elle semble s'y être résignée depuis sa création, à laisser aux autres sciences humaines le soin de traiter la psychopatie ? Il existe apparemment entre l'une et l'autre un malentendu fondamental irréductible, car présumer qu'un toxicomane ou un délinquant respecte scrupuleusement un contrat (rythme, horaire et paiement des séances), ne mente pas (tout dire) et n'agisse pas ses pulsions, c'est supposer son problème résolu ; envisager qu'un analyste sorte de sa neutralité, laisse de côté sa théorie et sa pratique pour établir une relation investissable par le psychopathe, c'est exiger qu'il renonce à son identité d'analyste. C'est bien pourquoi en aucune façon la cure type ne saurait constituer un modèle adéquat au traitement de cette clientèle.

Faut-il pour autant accepter le postulat de l'incurabilité et oublier que « la psychanalyse a été créée en étudiant des malades

---

(1) Sigmund Freud, in *La technique psychanalytique,* p. 17, PUF.

(2) Cf. chapitre 5.

incapables de s'adapter à la réalité et à leur intention »[1] ? Et si les psychopathes constituaient pour le praticien d'aujourd'hui l'équivalent du petit monde des hystériques et névrosés, parias de la neurologie, laissés pour compte de la médecine officielle viennoise de la fin du XIXe siècle ? L'esprit de la psychanalyse n'est-il pas de tenter de relever les défis posés par tous les patients impossibles ?

En quinze ans de travail au sein d'une équipe pluridisciplinaire, nous avons tenté collectivement de réaliser un accueil chaleureux, une prise en compte de la réalité quotidienne et l'instauration d'une écoute bienveillante mais non complice. Ainsi se sont dessinés les contours d'une pratique analytique "péripatéticienne", fondée sur ce que nous nommons transdisciplinarité qui, dans les cas heureux, permet à l'analyste d'être le lieu de passage de la planète Thanatos à l'univers d'Éros[2].

---

(1) Sigmund Freud, in *La technique psychanalytique,* p. 116, PUF.

(2) Cf. *Le cas Arthur,* chapitre 5.

1

Toxicomanes d'hier et d'aujourd'hui

La drogue est-elle encore le mot magique qu'il suffisait de prononcer pour voir s'écarquiller les yeux de certains et se rétrécir les pupilles des autres ?

Dans les années soixante-dix, à la belle époque de Marmottan, beaucoup de soignants, à la suite d'Olievenstein, avaient pris l'habitude de situer les toxicomanies du côté d'Éros, même si, le temps passant, le tribut à payer pour l'"en plus de jouissance" devenait de plus en plus lourd à acquitter.

Que s'est-il passé de *Lucy in the Sky* à *Christiane F.* pour que, maintenant, Olievenstein avoue courageusement ne plus rien comprendre aux drogués d'aujourd'hui ? Les nouveaux toxicomanes seraient-ils devenus à notre insu de véritables Chevaliers de Thanatos ?

Quels abords thérapeutiques proposer dès lors aux desservants de la pulsion de mort qui ont choisi la voie toxicomaniaque ? Pour essayer de répondre à ces questions, il nous a semblé nécessaire, en un premier temps, de restituer succinctement l'évolution du phénomène toxicomanie dans le contexte socio-économique des vingt-cinq dernières années.

LA DROGUE : UN TABOU DEVENU TOTEM

Faut-il rappeler que tous les observateurs contemporains s'accordent sur :

- l'augmentation considérable du nombre de toxicomanes officiellement recensés (+20 % de 1982 à 1983 en France) ;
- le rajeunissement accéléré des utilisateurs de toxiques : l'histoire de Christiane F., treize ans, droguée, prostituée, a été le signe littéraire de cette désescalade de la pyramide des âges ;
- le glissement précipité des drogues dites douces à celles dites dures ;

- la disparition du "contenu sémantique" classique[1] de l'intoxication qui était, à travers un usage rigoureusement codifié, de servir de véhicule du sacré pour ceux qui voulaient se distinguer des autres (les prêtres, les chamans, les clercs, les chefs, les hommes). De 1960 à nos jours, l'emploi des drogues s'est démocratisé, banalisé tandis que la signification de la prise de toxique s'inversait dans l'ordre pulsionnel.

En 1967, les Beatles chantaient : « Lucy in the Sky with Diamonds », ce qui ne veut rien dire en anglais ni en français si on le traduit. Mais, pour la première fois, grâce à un codage, le groupe de rock adulé de toute une génération, introduisit dans une chanson les initiales "L.S.D.". A la même époque, aux U.S.A., les Beach Boys psalmodiaient « Good vibrations, good vibrations », bonnes vibrations, à perte d'oreille des non initiés aux effets acoustiques réverbérants du haschich... Les Rolling Stones, avec leur fameux « Let spend the night together » se voyaient interdits d'antenne et contraints de réécrire leur chanson en « Let spend the life together ». Dans les années soixante, on ne pouvait parler ouvertement dans les médias ni de sexe ni de drogue.

L'expansion économique et technologique que l'on croyait alors sans borne faisait naître des désirs de perceptions nouvelles, d'élargissement sensoriel et de découvertes de mondes inconnus. Les drogues dites douces du « Peace and love » et les hallucinogènes type L.S.D. permirent aux hippies des sixties d'atteindre les rives d'océans de conscience inexplorée. Le drogué d'alors était un gentil contestataire, guitariste, écologiste, aux cheveux longs et fleuris. Il promenait ses yeux de poète halluciné des quais où coule la Seine à la haute vallée de l'Himalaya, où les sonorités aigrelettes de milliers de clochettes de prière emplissent toujours l'esprit de la dimension du sacré. Les premiers spécialistes qui s'intéressèrent à la drogue pouvaient comprendre ces toxicomanes intelligents et souvent cultivés. Ne parlaient-ils pas le même langage ? N'avaient-ils pas reçu et contesté la même éducation victorienne ?

Aujourd'hui, Félix Hubert Thiéphaine chante « Tranxène,

(1) A Delphes, au temple d'Apollon, la Pythie offrait au postulant du fameux oracle un breuvage qui s'est révélé être une substance hallucinogène. Le trépied de la sibylle était en équilibre au bord d'une faille du sol d'où sortaient les vapeurs délétères. Les toxiques expliqueraient alors la conjonction de ce qu'on pourrait appeler le délire de la Pythie et l'hallucination de l'impétrant.

valium, némbutal, acide... ». Dans le *Cabaret de Lilith,* il préconise « une p'tite canette, une reniflette, une seringuette aux dingues de la déflingue qui se flinguent derrière le zinc ». Dans la rue, les adolescents fredonnent la *Blanche* de Renaud, ou « Dans mon H.L.M., Germaine, la fille du huitième, le hasch elle aime ». Bref, le hit-parade de la chanson actuelle est devenu un catalogue des drogues disponibles. En vingt ans, la société contemporaine a ingéré et digéré l'objet drogue. Tabou en 1960, les toxicomanies font désormais partie du panorama socio-culturel, voire du standing des jeunes ; leur extension et les formes nouvelles qu'elles empruntent sont sans aucun doute dépendantes des changements de valeurs du code social, lui-même tributaire de la situation économique.

En effet, alors que l'économie mondiale entrait dans une période de récession, les produits toxiques les plus massivement employés changeaient. Le haschich et le L.S.D. cédaient la plus grande part du marché à ce que nous nommerons les "annihilateurs de conscience" : l'héroïne (souvent rose et mal raffinée), les solvants comme la colle à rustine et le trychloréthylène utilisés dans le seul but de "se défoncer", de sombrer dans l'inanimé. La drogue, objet de consommation festif, est devenue moyen de consumation hâtif, si bien que les grands toxicomanes d'aujourd'hui (par opposition aux usagers récréatifs occasionnels) ne nous apparaissent pas essentiellement différents des psychopathes dont l'étude constitue le cœur de notre travail.

Leur dynamique intra-psychique, et surtout la structure de leur personnalité, en font des chevaliers de Thanatos à part entière. Deux cas cliniques, Gérald, client d'une seule séance, et Noël, que j'ai suivi pendant plus de sept ans, vont tenter d'illustrer cette assertion qui anticipe sur nos propos théoriques.

LES NOUVEAUX TOXICOMANES

Gérald

Gérald a vingt ans, costaud, grand et blond, il a l'allure d'un Depardieu qui se négligerait. Depuis quatre ans, il se défonce "normalement", « régulièrement, comme tout le monde », tient-il à préciser. Il ne s'inquiète nullement de fumer du hasch quotidiennement, ni même de se fixer dès qu'il a gagné de quoi s'offrir un *shoot*. Mais pourquoi vient-il consulter ? C'est l'AUTRE (sic) qui l'angoisse, la défonce AUTRE comme il l'appelle, envie incoercicible de se droguer comme un fou avec n'importe quoi, pour anéantir le temps et la conscience. Avant, il était prisonnier de ces accès un à deux mois par an ; maintenant il a peur car les épisodes se rapprochent insidieusement. Sans plus de retenue, il me raconte son histoire familiale ; ses parents se disputaient à tout propos. « A la maison, il y eut une, puis deux télévisions et enfin un troisième poste dans ma chambre, car j'en avais marre d'entendre mes parents se quereller sur le choix du programme ». Il a six ans quand son père quitte définitivement le domicile conjugal. Il s'en console en couchant dans le lit de sa mère. « Avec ma mère, nous formions un couple. Nous avions nos calins spéciaux, notre langage de bébé. Ma mère ne fréquentait que des travestis, des grandes folles, des transexuels. Ils arrivaient à n'importe quelle heure : "You-you" et c'était la fête. Quand elle était un peu beurrée, elle me laissait assister à leurs festivités. Y a pas à dire, j'ai reçu une éducation aberrante. »

Actuellement, il se plaint d'être mal dans sa peau, angoissé dès le réveil, de ressentir souvent le besoin « de se faire engueuler » sans savoir pourquoi. L'indifférence lui est intolérable, il ne souffre d'être aimé ou détesté qu'absolument. Enfant, il cassait ses jouets et jetait par la fenêtre les clefs de sa classe ; aujourd'hui, il peut à son gré, par la drogue, se supprimer comme sujet conscient et agresser les autres, notamment Viviane(1), son amie — elle-même suivie dans le service — qui supporte très mal ses périodes de défonce boulimique dont elle s'est longtemps tenue pour responsable. Au-delà de cet aspect manifeste, il met en demeure l'autre de le combler à jamais, ce qu'il ne peut supporter, « car la satisfaction totale et définitive comporterait la disparition de tout ce qui peut être cause de besoin et du risque de souffrance et donc la disparition, la mort du corps »(2).

Histoire de Noël

J'ai rencontré pour la première fois Noël il y a quelques années. Il n'avait pas dix-huit ans et avait été hospitalisé dans un hôpital

(1) L'histoire de Viviane sera relatée dans le chapitre 3, dans la perspective d'une étude des relations d'objet du psychopathe.

(2) Cf. la définition que Piera Aulagnier donne de la pulsion de mort in *Les destins du plaisir*, p. 11-12, PUF, 1979.

psychiatrique de la région parisienne pour toxicomanie. Agressif dès son admission, il entreprend de distribuer des seringues et des médicaments aux autres patients. Il initiera ainsi à la drogue un schizophrène et un débile qui vont ensuite saccager le service. En six années, Noël battra tous les records d'hospitalisations. Il mettra à feu et à sang les divers hôpitaux où ses overdoses et ses crises clastiques l'auront conduit. Un soir, ayant bu — selon ses dires — quatre litres de trichloréthylène, il agresse avec un couteau le chef du service des urgences de Bichat. Une autre fois, il "bestialise", selon le mot de l'interne de garde de l'hôpital psychiatrique, une malade fragile qui s'était rendue aux toilettes. Noël s'y était préalablement enfermé afin de la violer. De ses séjours en psychiatrie, il tirera plus tard motif à indemnisation pour le préjudice qu'il aurait subi. Il me dit : « J'ai dû supporter vingt-trois hospitalisatons dans ce service où vous travaillez. Vous avez fait sur moi des expériences avec des médicaments qui fixent (sic). J'ai donné mon esprit à la psychiatrie. Je vous ai laissé m'analyser corps et âme pendant des années. Vous prétendiez me réparer, en réalité, c'est vous instruire que vous recherchez. Vous me devez bien quelque chose. D'ailleurs, je coûterai moins cher à la société avec une pension d'invalidité que si je me fais hospitaliser à vie à mille cinq cents francs de prix de journée ». A sa sortie de la consultation, furieux d'avoir été éconduit, il bouscule une patiente qui sortait en même temps que lui afin de lui arracher son sac à main. Sa victime tombe, se brise le bras, est hospitalisée et meurt dans des circonstances non élucidées à ce jour.

Noël est arrêté et relâché, puis expertisé. Il entreprend aussitôt d'exploiter cette rencontre avec un nouveau psychiatre : « Allez, file-moi un peu de palfium. Je veux décrocher. Ça fait si mal le manque. Je ne suis pas pressé, je ne repartirai pas de ce bureau sans que tu m'aies donné quelque chose ». Multipliant les intimidations et les menaces, il aurait fini par obtenir un bon de toxique. Un pharmacien lui délivre alors sept comprimés. A peine sorti de la pharmacie, Noël avale les cachets d'un coup et se retrouve à l'hôpital une fois de plus. Comme d'habitude, il terrorise les psychotiques, angoisse les déprimés et rackette les débiles pour se procurer de la came. Fait sortant, comme on dit pudiquement d'un malade indésirable, il regagne son squatt de la rue Pernéty et s'abîme dans la contemplation de ses trois seringues plantées dans un morceau de polystyrène.

Les drogues, il les a toutes pratiquées. Il en connaît tous les effets. "Accro", il a besoin de plus en plus d'argent pour se les procurer. Avec des amis trafiquants et proxénètes, il installe dans une chambre d'hôtel délabrée une jeune schizophrène rencontrée à l'hôpital psychiatrique. D'une grande beauté, mais complètement dissociée, elle ne sait pas qu'ils vont la prostituer. Nos interventions auprès du commissariat du quartier permettront de la faire libérer(1).

Prudemment, Noël disparaît alors pour de longs mois d'errance et de délinquance à l'étranger. De retour à Paris, il débarque à l'improviste et s'attend à ce que je le reçoive sur le champ. Depuis notre dernière rencontre il a passé cinq mois en Israël au kibboutz *Genossa* (génocide). Il y conduisait un tracteur, protégé par deux gardes armés de fusils mitrailleurs. Il y rencontra aussi des survivants des massacres nazis qui lui montreront leur numéro matricule tatoué pour toujours. Les rescapés d'Auschwitz ou de Dachau décrivirent à Noël l'univers des camps. Ces confidences d'outre-tombe eurent-elles une valeur thérapeutique pour lui ? Perçut-il alors la possibilité de vaincre l'entropie diabolique de la pulsion de mort déchaînée au dehors comme au dedans de soi ?

Soudainement, au pays de l'Esprit-Saint, Noël se découvrit un don qui allait l'amener à se convertir. Comme les apôtres le jour de la Pentecôte, il était devenu, selon ses dires, capable de parler des langues qu'il n'avait jamais apprises. Il alla se baigner au lac de Tibériade et, nouveau Saint-Jean Baptiste s'en fut dans le désert en direction de la frontière syrienne. Une patrouille de l'armée israélienne l'intercepta et l'accusa d'espionnage. Sur sa main, une marque l'accablait « Vous vous souvenez, me dit-il, un vieux tatouage que je m'étais fait faire à l'hôpital par un dévot de Krishna. Le sigle qui signifie "de retour des Indes". Or, ce sigle hindouïste ressemble à s'y méprendre en arabe aux initiales "P.L.O.", soit "O.L.P" en français. Les soldats me dirent : "Tu es un espion de l'O.L.P." Enchaîné à l'arrière d'un half-track, l'un d'entre eux m'ordonna de regarder un aigle qui passait au-dessus de moi. J'ai cru qu'il allait me tirer une balle dans la

(1) L'analyste qui s'occupe de psychopathes ne peut pas faire l'économie de rapports impurs avec les représentants de l'ordre social. Ne rien dire dans ce cas était passible de non assistance à personne en danger. Le thérapeute qui se situe au-dessus des lois ne peut que renforcer la psychopathie de son client.

tête et me basculer dans le ravin. Un peu plus tard au quartier général, un colonel m'interrogea. Il tenait dans une main une tasse de thé au lait. » Noël l'interpella avec violence : « Vous lisez dans les nuages du lait pour savoir si je dis la vérité. » Le militaire, croyant avoir affaire à un faible d'esprit, acquiesça imprudemment. Et Noël d'attaquer : « Comment osez-vous, en tant qu'israëlite, vous comporter de cette façon ? Votre livre saint l'interdit. » Et de citer le verset dix-huit du Lévitique qui condamne la géomancie, la chiromancie et toutes les pratiques de voyance. Le colonel se leva et lui serra la main. « Monsieur, votre connaissance de nos Ecritures est stupéfiante pour un étranger. »

En prison, Noël repéra vite au-delà des barbelés les prisonniers en semi-liberté qui travaillaient dans un enclos peu gardé. En plein jour, par les toits, il arriva à y pénétrer et à s'en échapper. Il marcha droit devant lui sans oser se retourner, comme Loth quittant Sodome. A l'Ambassade de France d'Haïfa, son histoire souleva l'indignation des diplomates. Comment se faisait-il qu'ils n'aient pas été avertis de la présence d'un français en prison depuis plus de 48 heures ? Contre la promesse — qui sera tenue — d'interventions, Noël réintégra en taxi sa geôle. « Cela sera quinze jours difficiles pour moi. Ils n'aimaient pas les évadés là-bas. D'ailleurs en France à l'hôpital non plus, à ce qu'il m'a semblé. Pendant tout ce temps j'ai pensé à vous avec rage. Je voulais me venger de vous et de tous les mauvais traitements que vous m'avez fait subir. Aujourd'hui je crois vous avoir pardonné. » Avertie, sa mère accepta de payer le billet de retour, et Noël, accompagné d'un plénipotentiaire, rentra en France pour reprendre une carrière où alterneront les tentatives sincères de réinsertion — entre autres en travaillant dans une usine de joints en caoutchouc (sic) — et les cavales sauvages sous drogues, où il vole par exemple un camion de meubles près de Cahors. Mais, n'ayant jamais conduit de poids lourds, ou parce qu'il était trop défoncé, Noël rata un virage et alla se promener avec tout ce mobilier dans les prés. Les gendarmes étaient ravis, persuadés d'avoir découvert le gang des voleurs de meubles anciens de la région. En vérité, Noël avait dérobé ce qu'il avait trouvé par hasard, espérant échanger au marché aux Puces de Montreuil des bahuts et des commodes contre l'héroïne dont il ne pouvait plus se passer.

Si sa conduite actuelle est celle d'un psychopathe impulsif, impavide et assoiffé de jouissace létale, son histoire infantile — que nous avons pu reconstruire au cours de très nombreux entretiens souvent orageux — est marquée par le contact avec la violence précoce, les souhaits de mort maternels et la transgression vécue dans le milieu familial. Bref, comme nous le verrons plus loin, elle est archétypique de la biographie de ces délinquants non utilitaires, pour qui l'agir tient lieu de langage.

A sa naissance, sa mère fit établir sa carte du ciel : « Elle m'a dit, quand je fus en âge de comprendre, que mon horoscope prévoyait que je mourrai de mort violente après maints déboires et d'énormes souffrances. » Son père, ingénieur, était secrètement héroïnomane et alcoolique. Un soir d'ivresse, il éclata l'arcade sourcilière de Noël avec sa chevalière, puis lança la bague par la fenêtre, effrayé des conséquences de son geste. Exclu de toutes les écoles publiques pour avoir agressé ses camarades et les enseignants, Noël sera placé dès dix ans dans un internat religieux célèbre pour sa discipline de fer. Il y restera trois ans. Un record pour lui ! Il sera renvoyé pour avoir saboté le système électrique de l'établissement, afin de se venger des brimades d'un pion. A treize ans, il intègre alors un foyer spécialisé pour adolescents difficiles. L'établissement eut son heure de gloire en région parisienne, et pas seulement parce qu'il publia — sous l'égide de l'INSERM — des statistiques de réussite impressionnantes. Juste avant son admission, sa sœur aînée l'avait initié au haschich, comme elle le fera plus tard avec son propre fils, dès l'âge de huit ans. Peu après, le beau-frère de Noël lui fit sa première piqûre d'héroïne. Adolescent, Noël devint rapidement un spécialiste du casse de pharmacie et du trafic d'armes. Sa mère m'amena un jour un gros sac qu'elle avait sous son lit, et qui contenait deux mitraillettes démontées. Le foyer ne put plus le supporter et Noël fut transféré au centre d'Education Surveillée, très fermé à l'époque, de Savigny-sur-Orge. Des altercations violentes avec les surveillants et les jeunes détenus, puis des fugues et enfin des drogues-parties organisées dans le Centre même amenèrent son transfert en urgence à l'hôpital psychiatrique où nous l'avons rencontré.

Sept ans plus tard, la saga de sa réhabilitation sociale conditionnée par la restauration de sa capacité à nouer des relations placées sous le signe d'Eros n'est pas encore terminée. Les progrès importants constatés récemment sont-ils à mettre au crédit des séances psychothérapiques et/ou de l'activité modelante des communautés thérapeutiques qu'il a fréquentées assidûment à certains moments de sa trajectoire délinquentielle ?

Répondre à cette question implique d'interroger les positions théoriques et pratiques des analystes qui essayent de s'occuper de toxicomanes, mais aussi de tenter d'analyser ce qui se passe réellement dans les communautés thérapeutiques comportementalistes.

PSYCHANALYSE ET COMPORTEMENTALISME : Y AURAIT-IL DES THÉRAPEUTES DE DROGUÉS HEUREUX ?

Si Freud vivait aujourd'hui, on ne peut douter qu'en tête de sa liste des métiers impossibles, il ajouterait thérapeute de toxicomanes. Comme nous venons de le voir, les évolutions récentes portant sur l'acceptation sociale et culturelle de la prise de toxiques, le rajeunissement des utilisateurs et le choix de nouveaux produits qui dénotent une dérive radicale des toxicomanies vers le pôle mortifère et suicidaire, ont d'ores et déjà découragé la plupart des thérapeutes pionniers de la prise en charge analytique des drogués. Les théoriciens, s'ils sont moins exposés à l'échec, ne semblent guère être plus satisfaits de leurs élaborations. Comme le disait Anna Freud : « Les analystes sont en permanence déçus par les états addictifs et ils cherchent à les expliquer avec les termes d'intérêt qui prévalent à une époque donnée. »[(1)]. Selon nous, les psychanalystes qui restent aujourd'hui en rapport actif avec des toxicomanes, souffrent d'un manque... de théorie fonctionnelle et de concept opérationnel. L'étude d'Ali Magoudi[(2)] montre en effet que « Les descriptions métapsychologiques sur la toxicomanie en langue française sont, sauf exception, basées sur une connaissance très sophistiquée du point de vue théorique, avec en parallèle une expérience clinique avec les toxicomanes (et en particulier les héroïnomanes), inversement proportionnelle. » Magoudi conclut en dénonçant l'hétérogénéité, les divergences et les contradictions auxquelles aboutissent les auteurs d'ouvrages psychanalytiques sur les toxicomanies. Pour nous, quinze années d'efforts auprès des psychopathes, comportant un bon

---

(1) Cité par Clifford York in *A critical review of some psychanalytical litterature on drug addition* p. 141-159 - British Journal Medical Psychology - 1970.

(2) Revue critique de la littérature sur les toxicomanes in *La psychiatrie de l'enfant* - volume 28 - p. 259-294 - 1985.

tiers de grands toxicomanes, nous ont convaincus de la nécessité d'abandonner les subtils distingos théorico-cliniques sensés différencier ces sujets en mal d'être, au profit d'une tentative d'élaboration d'un abord thérapeutique commun. Le même souci thérapeutique nous a conduits à nous intéresser de près aux alternatives aux modèles de soins officiels et hospitaliers qui se sont multipliées ces dix dernières années, tant en France qu'à l'étranger : lieu de vie, post-cure ou communauté thérapeutique comportementaliste ne sauraient être écartés d'un revers de main méprisant par ceux qui aspirent légitimement à être reconnus en leur temps comme des scientifiques à part entière.

En tant qu'analystes, il nous a semblé utile de visiter, de rencontrer, de relater et d'analyser quelques-unes de ces institutions les plus éloignées de nos modes de pensée et d'action usuels.

LE PROGRAMME PORTAGE(1)

Montreal - 3418 rue Drumond.

Ce 1er novembre à treize heures, nous franchissons le lourd portail du service d'accueil et d'admission du programme "Portage", qui occupe une somptueuse maison de maître en plein centre de la ville, entre une ambassade et le siège d'une multinationale. Après une brève rencontre avec le directeur général, un chauffeur nous emmène vers le lac Echo, situé à environ quatre-vingts kilomètres de Montréal. Là, une grande bâtisse de bois blanc, perdue en pleine forêt canadienne, est appliqué depuis 1973 un programme de traitement de toxicomanes qualifié de "révolutionnaire" par ses auteurs.

Dans le hall d'entrée, des garçons et des filles très jeunes astiquent à quatre pattes le parquet avec des serpillières qui ont la taille de serviettes de table. Entrés sur nos talons, deux adolescents s'efforcent de balayer avec des balais sans manche l'hypothétique poussière que nous aurions pu amener de l'extérieur. Partout les résidents se pressent en silence pour exécuter des

(1) Portage est, à notre connaissance, la dernière et la plus extrême des communautés comportementalistes créées sur le modèle de Daytop, Synanon et Delansey Street Fondation aux U.S.A. Elle fut ouverte par l'ancien directeur de Daytop, à l'instigation d'une association charitable de femmes canadiennes.

ordres que d'autres, à peine plus anciens qu'eux, leur aboient en anglais et parfois en français. On se croirait sur le pont de la "Jeanne" ou d'un autre navire-école sur le point de faire son entrée dans la rade d'un prestigieux port étranger. Barbara, vingt ans, fille d'un grand industriel de Québec, secondée par Leila, dix-huit ans, vont nous "driver" dans le labyrinthe de chambres et de pièces communes qui abritent, comme elles disent, "La Famille", à savoir une centaine de toxicomanes encadrés par d'ex-toxicomanes.

A notre question : « Et le personnel ? » elle répond : « Il n'y en a pas. Ici tout est basé sur l'ancienneté. Tu arrives, tu n'as aucun droit, aucun statut. Tu exécutes les travaux les plus pénibles et chacun peut exiger quelque chose de toi. Tu n'existes pas. Après un mois de séjour tu peux entrer dans la Famille, si tu as su respecter les "data" (selon le vocabulaire de Portage, les règles). Puis tu montes dans la hiérarchie : contremaître (schwingle), ensuite comme moi qui suis ici depuis presqu'une année, tu peux devenir Chef de maison et avoir des permissions à l'extérieur.

Portage fonctionne sur une organisation à la fois militaire par l'emphase donnée au grade et à la discipline, et religieuse, par le poids de la minutie de la règle de vie. La lecture bi-quotidienne de la profession de foi[1] y tient lieu de messe.

VOCABULAIRE DE PORTAGE (DATA)

A Portage il ne faut pas :

Se plaindre : ne pas être content de ce que tu as.

Se valoriser : de ton passé, de l'argent que tu avais.

Etre inattentif : à ton entourage.

Etre irresponsable : oublier quelque chose.

N'avoir pas de soin : se foutre de la personne à côté de soi.

Faire "a revenge trip" : se venger sur quelqu'un, ex. : donner une direction après en avoir eu une.

Jouer avec la tête : quand quelqu'un te parle, essayer de le confondre dans ce qu'il dit.

Montrer de la protection : protéger quelqu'un face à une

(1) La règle, le data selon le vocabulaire de Portage, comporte un grand nombre d'interdits comportementaux, y compris celui de s'asseoir confortablement avec les jambes croisées. Comme on pourra s'en apercevoir à la lecture de la liste abrégée ci-dessus, il est tout à fait impossible dans la vie quotidienne de ne pas violer l'une ou l'autre de ces interdictions.

confrontation.
Passer le bucket : quand tu reçois une direction, la repasser à quelqu'un d'autre.
Etre confortable : être assis avec les jambes croisées.
Vendre un ticket : pas aussi fort qu'une menace, ex. : si je n'ai pas... je vais m'en aller.
Laisser glisser : ne pas booker les autres et ne pas se booker.
Manipuler : prendre une façon détournée pour obtenir quelque chose.
Rationaliser : trouver des raisons pour ne pas se sentir mal.
Couvrir son dos : faire des choses pour bien paraître.
Etre malhonnête : conter des mensonges.
Se fermer : ne pas vouloir voir des points.
Subir : endurer dans ce que tu fais.
Ne pas avoir de valeurs : ex. : ton tube de pâte à dents n'est pas tight, ton plancher, etc...
Coming off : élever la voix d'une façon arrogante ou provocante.
Etre arrogant : parler d'une façon d'où l'on passe ses sentiments.
Agir sur ses anxiétés : vouloir tout avoir et savoir dans un temps très court et porter à s'oublier.
Agir sur peurs / insécurités : ne pas s'imposer ou participer, ne pas aller chercher ce dont tu as besoin, ne pas pointer les gens par peur d'être rejeté.
Ne pas manifester de respect : quand quelqu'un parle, regarder ailleurs.
Faire ce que tu veux : ne pas dropper pour faire quelque chose, se promener seul, fumer une cigarette sans permission.
Flirter.
Voler : prendre quelque chose qui ne t'appartient pas.
Etre indirect : prendre des façons détournées pour répondre à une question.
Parler négatif : parler de drogue / boisson, d'amis négatifs.

La propreté et l'ordre sont le canon. Non seulement il faut des locaux impeccables, mais les objets personnels doivent satisfaire à un véritable rituel de lavage ; les lits sont faits au carré, les vêtements pliés selon de strictes normes "maison". Il est impératif que le tube de pâte dentifrice soit impeccablement nettoyé après chaque usage de telle sorte que, le bouchon enlevé, le pas de vis resplendisse !

Brusquement des hurlements suivis d'une bordée d'injures nous font tressaillir. Dans une petite pièce, une contremaîtresse est en train d'invectiver une troupe de novices. Ils sortent humblement, la tête baissée, en criant d'une voix unanime "let's go". Barbara, notre mentor, s'emporte et va reprocher à la schwingle de ne pas avoir manifesté suffisamment d'agressivité dans ses réprimandes. On croit rêver !

A Portage, les échanges sont basés sur tout un système de confrontations brutales et permanentes afin que les masques tombent et que les façades se lézardent.

Dès le hall d'entrée un écriteau en lettres capitales avertit l'arrivant qu'un drogué "c'est lâche, manipulateur, voleur, hypocrite, paresseux, menteur, immature, **change donc** ». Pour y arriver, plusieurs fois par jour, à l'improviste, des hauts parleurs omniprésents convoquent tous les membres de la Famille à des rassemblements-mises en question sauvages de l'un ou de l'autre des résidents : là, parmi les cris, les pleurs et les grincements de dents, chacun est confronté à toute volée avec la vérité de sa conduite. Il lui faut aussi faire son autocritique, ne serait-ce que pour avoir omis de dénoncer les manquements de ses camarades. Dans cette communauté, la délation est considérée comme une vertu et même comme un des supports cardinaux de la vaste entreprise de démolition de la personnalité du toxicomane.

Un jeune nous croise. Tel un homme-sandwich, il arbore de face et de dos de larges pancartes qui stipulent : « Je suis ici depuis huit mois, toujours incapable de faire preuve de maturité : insultez-moi ». Du même coup, je prends conscience de la bizarrerie du couvre-chef de notre accompagnatrice adjointe, Leila. Un bas gris lui enserre les cheveux et l'enlaidit. Elle s'explique : « J'ai enfreint une des règles capitales de la Famille : pas de violence, pas de sexe, pas de drogue. Il y a deux mois j'ai pris des somnifères pour passer un examen difficile. Je n'avais pas pu en parler jusqu'alors. Mes camarades m'ont logiquement mise en quarantaine et j'ai dû nettoyer les "chiottes" toute la journée, jusqu'à votre arrivée. Je suis fière d'avoir été capable de me dénoncer et de supporter les conséquences de ma mauvaise action ». Leila est libanaise. Après plusieurs échecs de désintoxication dans son pays, ses parents lui ont payé Portage comme ultime chance de réhabilitation. Brusquement, nous avons l'impression d'avoir été transportés dans un camp de rééducation chinois ou dans une école pour cadres japonais fatigués et démotivés. "Le traitement n'aura de succès qu'autant qu'il puisse briser les habitudes de non-productivité" précise la brochure qui expose en français et en anglais les fondements du programme Portage. Chronologiquement parlant, l'admission se déroule en deux temps :

• le toxicomane doit établir un premier contact téléphonique. On lui donne un rendez-vous. Au cours de l'entretien sont évalués son désir de traitement et son état mental. S'il semble actuellement intoxiqué, un sevrage est exigé au préalable. Le postulant dûment sevré et motivé est alors intégré à la cure ambulatoire de la rue Drumond où on lui explique pendant au moins une semaine le style de vie qui l'attend au lac Echo. Accueilli à son arrivé dans une unité d'admission qui occupe l'un des petits chalets qui jouxtent le pavillon principal, le candidat sera durement interrogé sur ses motivations. S'il est jugé de bonne foi il sera admis dans la Famille, à l'essai ;

• le deuxième stade du séjour permet au nouveau résident de nouer des liens avec les anciens et de se familiariser avec les consignes et avec les principes de vie de Portage. Nous avons vu qu'il correspond au statut zéro, le plus dur, dont l'acceptation va conditionner l'entrée dans la phase thérapeutique à proprement parler.

D'une durée de 7 mois, la thérapie a pour but d'apprendre au toxico qu'il existe un style de vie diamétralement opposé "à la subculture négative qui est celle du monde de la drogue". A travers les séances de différentes formes de thérapie de groupe, confrontantes ou non, à travers les relations avec les encadrants tous ex-toxicomanes et les contraintes de la vie quotidienne, il est censé intérioriser les valeurs socialement positives : honnêteté, responsabilité et travail auxquels les pensionnaires sont obligatoirement astreints. "Values will save you" proclame la pancarte située audessus de la machine à café.

Au quatrième stade du programme, le pensionnaire est nommé "grand-frère" des entrants. Il les aide, tout en travaillant pour son compte, pendant un mois, sur la question angoissante de son futur retour dans la société. La réintégration sociale dure également un mois. Des contrôles antidoping inopinés peuvent être effectués lors de son passage rue Drumond ou dans la communauté du lac Echo, s'il a choisi d'y rester comme instructeur stagiaire.

La sixième phase du programme verra dans les cas heureux (?) l'achèvement du traitement en trois mois. Ayant cherché et trouvé un emploi ou une formation valorisante à l'extérieur, l'ex-drogué continue cependant de participer à des réunions hebdomadaires à Portage. Le suivi constituera le septième et ultime stade du programme, qui sera sanctionné par la remise d'un diplôme lors d'un entretien d'évaluation solennel.

Ainsi, en moins de quinze mois de traitement, 95 % de ceux qui ont terminé le programme sont considérés comme des réussites à un an. Cinq années après la sortie de la communauté, 74 % des sortants n'auraient pas rechuté, si l'on en croit le Directeur Général de l'institution. A notre demande, il précise cependant qu'un sur deux des entrants de Portage s'élimine dès la première semaine. La rudesse de la sélection et du traitement doit-elle nous amener à refuser ces pratiques en faisant l'économie de l'analyse de ce qui peut être opérationnel en un tel fonctionnement ? Sinon, l'approche d'autres structures thérapeutiques qui lui ressemblent nous aidera-t-elle à comprendre les ressorts de l'efficacité de telles actions, et à fonder un jugement sur leur valeur thérapeutique, mais aussi éthique ?

LA BARAQUE DE VENICE

L'impression ressentie lors de la visite de Portage me donna envie de relire « La baraque rouge et moche »[1]. En dépit de leur différence d'âge, de nationalité ou de trajectoire, Barbara me rappelait l'héroïne du roman ; ses camarades canadiens, de la famille "des camés sans came" de Los Angeles.

Les jeunes, à l'allure épuisée et morose, qui astiquaient le sol du chalet du lac Echo, m'évoquèrent l'équipe de nettoyage de Venice, dont les membres, chiffons en main, tressautant "comme de grands insectes fatigués"[2], n'ont pas le droit de contester un ordre (ni même de "refiler une consigne", selon la formulation

(1) Marie-Gisèle Landes-Fuss, *Une baraque rouge et moche comme tout à Venice - Amérique,* Gallimard, 1982.

(2) Op. Cit p. 78.

des data). J'aurais sans peine prêté à l'un d'eux cette réflexion de la narratrice : « La vérité c'est moi aujourd'hui... Née au pays de la came. Et laveuse de murs dans un centre de réhabilitation... et dernière née d'une famille nombreuse, soixante-deux petits frères et sœurs, s'il vous plaît. Et moche comme tout... »[1].

Nulle différence non plus sur le mode de fonctionnement des "groupes", tout juste entrevu lors de notre visite quand, tout près de nous, claquèrent des portes derrière lesquelles s'élevèrent « des gueulantes comme je n'en avais jamais entendues de ma vie... des gueulantes de gens qui vont se tabasser vraiment »[1]. L'auteur du livre, comme notre accompagnatrice d'un jour, insiste sur l'importance de ces moments privilégiés que prépare le conditionnement opéré par le mode de vie de la communauté : « L'épuisement physique, c'est une thérapie du tonnerre... Ça brise nos mécanismes de défense. Ça fait monter une colère folle qu'on balancera ensuite dans les groupes, plus explosive que celle qui serait sortie à froid... »

Vigilants, les responsables, à tous niveaux, dispensent largement aux membres de la communauté cette thérapeutique de la fatigue, renforcent, sans trêve, pression et répression, indispensables dans cette idéologie, aux prises de conscience qui seules assureront un succès définitif sur la drogue. Nul ne reste un instant tranquille, on se rend en réunion "ventre à terre", on se presse, on court effectuer les tâches imparties.

Les quelques instants de loisirs autorisés obéissent à un découpage horaire strict, doivent faire l'objet d'une autorisation (à Portage, on drope une cigarette ou une tasse de café) et se prennent en commun. Car, s'il est nécessaire de travailler sans relâche, il est inconcevable d'être laissé seul un instant, fût-ce aux toilettes, dans la phase initiale du traitement, soit environ huit mois.

La défiance est la règle tant que le pensionnaire n'a pas changé, livré à lui-même, il s'ingénierait à se procurer de la drogue, voire à en faire consommer à d'autres, puisque l'usage de toxiques est encore la voie obligée de son plaisir. Cette conception explique sans doute la rigidité des data de Portage, où le fait de se sentir confortable est reproché comme une faute. Il faut extirper le goût du plaisir. Pourtant, on se demande souvent ce qu'ils ont à perdre dans cette vie infernale : « J'ai la came à perdre », répond un des

(1) Op. Cit, p. 78.

personnages de la baraque. Ce travail-là, nul toxicomane voulant sortir de l'addiction ne peut en faire l'économie.

Pour arriver à ce résultat, ces deux institutions et toutes celles qui leur ressemblent, communient dans leur croyance en la valeur libératrice de l'expiation, sans le savoir, en tout cas sans l'avancer clairement. Pour que soit définitivement perdu le paradis de la drogue, dont l'ancien desservant sait bien que c'était en même temps la géhenne, il lui faut vivre une version laïque du mystère de la rédemption : agonie morale solitaire, insultes, chemin de croix et descente aux enfers indispensables à la renaissance de l'homme nouveau. Comme tout croyant, il recourra quotidiennement à la prière qui est la profession de foi de Portage ou au concept de Venice « qui dit que la nature ne nous demande pas d'être parfaits, seulement de grandir ; qui dit : Fais ton boulot et je saurai qui tu es »[1].

Cette conception mystique de la cure explique, selon nous, les règles en vigueur dans les deux communautés et les rapproche de diverses congrégations religieuses qui imposent à leurs membres des mortifications expiatoires. Ce n'est pas un hasard si, dans l'esprit du public, ce type de fonctionnement est souvent assimilé à celui d'une secte.

D'autant plus qu'à Venice existe un personnage charismatique. Isaac, père fondateur, ancien drogué lui-même, est l'âme de la maison et fait l'objet d'une dévotion absolue de la part de tous[2] ; l'entrante qui le voit pour la première fois est fascinée : « des yeux qui vous radiographiaient d'un coup... Des yeux vieux comme le monde, des yeux jeunes comme le monde, des yeux qui avaient fait et refait le monde ». Son mentor explique sur le ton de l'évidence qu'Isaac seul a fait les règles et que ça leur suffit, avec un regard qui montre que pour lui elle est prête à sauter dans l'océan et les autres aussi.

Pour certains, d'ailleurs, une véritable dépendance va s'instaurer, ce qui ne manque pas d'être pointé en groupe : « Camé, ta drogue, c'est la baraque !... Tu ferais n'importe quoi pour lui plaire à Isaac ! Tu l'as dit n'importe quoi ! Ça ne te fout pas la trouille de dépendre d'un type comme ça ? Tu es un grand ma-

(1) Op. cit., page 125.

(2) Nous verrons plus loin comment le Patriarche en France fonctionne lui aussi à la manière d'un gourou.

lade ! Si je ne l'étais pas, je ne serais pas ici ! » L'homme sur la sellette dans cette confrontation, c'est le sous-directeur, dit "le Nazi". Pour lui la relation passionnelle a remplacé l'addiction aux toxiques ; le fait d'en être conscient ne le délivre pas.

Faut-il pour autant considérer cette évolution comme inéluctable ? Non, certains rechutent, ils reviendront, ou pas. La narratrice, guérie, quittera la baraque. Certes, elle ne peut s'empêcher d'en parler à tous ceux qu'elle rencontre, certes elle va retourner en Amérique, mais pour y vivre "normalement", sans drogue et sans communauté.

A Portage, on nie l'existence d'un leader investi, ce serait le groupe tout entier qui jouerait cette fonction. Mais qui donc a édicté les data et leur a donné cette force de loi ? A Portage, les interdictions cardinales sont d'ailleurs plus restrictives qu'à Venice puisque, outre la drogue et la violence, les relations sexuelles sont prohibées pour toute la durée du traitement.

A Venice, elles sont autorisées, voire conseillées entre résidents (défendues à l'extérieur), mais se passent à jours et heures fixes, trois fois par semaines, de 22 heures à minuit. Il faut avoir la politesse de retenir sa chambre et pas deux fois de suite, car « il faut bien que tout le monde vive ». Les jours autorisés, il y a tout un rituel de préparation des lieux et des personnes, mais que le lecteur ne se méprenne pas sur la signification qu'on leur accorde : on les recommande sans les imposer, car cela détend, mais elles ne doivent pas déboucher sur un attachement sentimental. Il est interdit de former un couple, car un couple de camés — la statistique de la maison le prouve — finit toujours par quitter la communauté pour replonger, ensemble ou séparément, dans la drogue.

Reste à comprendre ce qui conduit quelqu'un à passer le seuil de tels établissements et surtout à y rester. Tous disent : « J'avais touché le fond, c'était ma dernière chance, les autres m'ont aidé à la saisir ». Pourquoi ont-ils accepté une aide qui s'exprime essentiellement par des insultes, des hurlements, des brimades ? Est-ce le fait du masochisme caractéristique de la personnalité des grands toxicomanes ? Les pratiques comportementalistes contraignantes et confrontantes seraient dans cette optique source de plaisir pervers éprouvé en lieu et place des sensations jadis procurées par les toxiques. Cette dimension n'est probablement pas absente, mais elle ne suffit pas, à notre sens, à fonder l'accrochage qui, d'entrée de jeu, s'instaure entre la communauté et le postulant, faute duquel il s'enfuit, comme la moitié des entrants de Portage. Plus que les discours à l'usage des visiteurs de Barbara et Leila, la relecture du début de la Baraque permet de repérer les mécanismes qui s'enclenchent en ce début de partie. Pour que d'une rencontre naisse une demande qui se concrétise par l'entrée dans le Programme (comme on entre en Religion), il faut :

- que le sujet soit dans un état de détresse absolue, au point que vacille son habituel recours aux toxiques ;
- qu'il partage, dès le premier contact, avec l'ensemble des membres de la communauté, la certitude sans faille qu'en ce lieu on sait tout, absolument tout de la drogue et des drogués. Qu'on le connaît déjà beaucoup mieux qu'il ne se connaît lui-même, bien qu'on ignore encore son histoire.

Si le transfert en analyse s'origine dans la relation au sujet supposé savoir, l'accrochage du toxicomane dans ce type de cursus se fait avec une groupe qui **sait**. S'il comporte en son sein une personnalité charismatique, s'opère alors un effet de redoublement qui fixe l'impétrant et risque effectivement de le faire basculer d'une addiction à l'autre. Il n'y a pas de cure psychanalytique sans névrose de transfert ; le traitement communautaire des toxicomanies impliquerait-il une addiction de transfert, la terminaison de l'une et de l'autre imposant la liquidation des effets iatrogènes ?

Enfin, au-delà de la violence verbale des confrontations, un autre élément nous a frappés dans le récit de l'héroïne de la Baraque, c'est l'importance accordée à l'histoire du sujet, non pas tant dans l'*hic et nunc* des accusations de groupe pour les manquements, négligences ou défaillances de la journée, mais bien plus dans l'inlassable répétition d'un questionnement sur le passé, l'obligation faite à chacun de se le remémorer pour l'expulser, bref l'abréagir. Cet aspect nous a paru très proche de programmes à visées cognitives construits à partir de théories phénoménologiques sur lesquels nous aurons l'occasion de revenir(1) ; il est bien moins éloigné que son premier abord ne le laisse penser des débuts de la pratique psychanalytique.

Les succès enregisrés par les communautés thérapeutiques nord-américaines, la diffusion des théories comportementalistes et l'importance qu'elles accordent au concept d'efficacité, ainsi que l'extension du phénomène toxicomaniaque précédemment évoqué amenèrent en Europe l'éclosion d'institutions au fonc-

(1) Cf. chapitre 5.

tionnement relativement proche du modèle d'outre-Atlantique. Qu'en est-il en France ?

Un château beau et blanc comme tout à Saint-Cézert - France

L'Association Le Patriarche n'aurait jamais dû exister. Lucien Enjelmajer n'a pas fait de brillantes études de médecine ou de psychologie. Il n'en a même pas fait du tout. Marchand de meubles à Toulouse, désireux comme tant de cadres de la cinquantaine de changer radicalement de mode de vie, il s'installa dans les années soixante-dix dans une campagne près de Grenade et reçut — par hasard-exprès ? — les routards et les paumés post-soixante-huitards de passage. Aujourd'hui, l'Association Le Patriarche regroupe environt quatre-vingts centres dans toute l'Europe et traite plusieurs milliers de toxicomanes de l'Espagne à la Norvège(1). Nul doute que le cap de la centaine de lieux de vie ne soit prochainement atteint, en dépit de l'hostilité de certains médias et conseillers techniques auprès des ministères qui mènent, depuis la création du premier centre à la Bohère, une campagne ardente pour leur fermeture. Ils dénoncent pêle-même les méthodes fascistes et les profits éhontés de l'Association, la violence occasionnelle de Lucien et les privautés qu'il se serait accordé avec certaines pensionnaires.

Nous connaissons personnellement Le Patriarche depuis une dizaine d'années. Notre recherche incessante de lieux satisfaisants qui acceptent d'accueillir les grands toxicomanes et les psychopathes nous avait alors conduits sur le perron de sa drôle de maison, une sorte d'église mexicaine dans un décor de western à Saint-Paul-sur-Save. Lucien Enjelmajer acheta ensuite le domaine de la Mothe à Saint-Cézert, château en ruine qui est devenu aujourd'hui une splendide bâtisse blanche, siège de l'Association. Il y réside à temps partiel dans un somptueux logement entièrement pensé et réalisé par les résidents. Quiconque visite les centres de son Association ne peut qu'être stupéfait de l'ardeur au travail, de la qualité artistique des construction réalisées par ces garçons et ces

---

(1) Pour donner une idée de la progression de cette association, en 1980, Le Patriarche s'occupait seulement de trois cents toxicomanes dans une quinzaine de lieux de vie.

filles qui portent encore les stigmates de leur lourd passé : tatouages carcéraux, cicatrices horribles, bouches édentées.

En apparence, les règles de vie des communautés du Patriarche ressemblent fort à celles de Portage et à celles de la baraque rouge et moche de Venice. Lever matinal : 6 h ou 7 heures selon la saison ; travail ou études obligatoires ; omniprésence du groupe, notamment lors de la période de sevrage qui s'effectue dans une unité spéciale, sans médicament, où la nuit quelqu'un partage le lit de l'arrivant qui n'est jamais laissé seul, fût-ce un instant.

En réalité, une analyse plus fine permet de constater que la philosophie qui inspire le fonctionnement des centres du Patriarche s'éloigne notablement des expériences nord-américaines sur les points suivants :

- Au lieu de concentrer la thérapie en un lieu clos et exclusif, la baraque, day-top center, le lac Echo, etc., Lucien Enjelmajer a eu l'intuition d'utiliser l'instabilité chronique et la soif d'espaces nouveaux des marginaux en les faisant circuler rapidement dans de nombreux lieux de vie qu'il a fondés dans toute l'Europe. Un toxicomane parisien, par exemple, après un séjour d'orientation au château de la Mothe, se retrouvera ensuite en Espagne en attendant d'aller en Suisse ou en Belgique, ou de revenir à la Mothe. Souplesse et mobilité permettent à terme de saturer le besoin d'errance et laisse le patient se "fixer" dans le lieu où il va trouver les conditions optimales qui conviennent à son évolution. La mobilité ascendante est elle aussi quasi-totale. Moins d'un mois après son admission, et à notre grande stupéfaction, Aline — une jeune fille que nous y avions adressée — a été chargée de prendre en charge les nouveaux.

- Le travail effectué par les toxicomanes dans ces centres est toujours un travail productif, socialement valorisable, aux résultats tangibles, tels que : construction de locaux nouveaux, ébénisterie d'art, récupération et vente de matériaux. Les activités agricoles ne sont pas négligées. Le potager nourrit la communauté, on élève des abeilles, des chevaux, des faisans ou des sangliers dont la vente procurera une autonomie matérielle à l'Association. Nous sommes loin des serpillières de poche et des balais inutilisables des communautés comportementalistes, qui n'offrent que des activités de service, visant à humilier l'individu pour mieux casser sa personnalité.

- Les méthodes mises en œuvre par le Patriarche insistent surtout sur le développement des potentialités propres à chacun. Les talents ou les anciennes qualifications sont prisées et encouragées. Ainsi, les médecins résidents des centres sont d'ex-toxicomanes qui y ont été désintoxiqués. Les professeurs d'activités manuelles, sportives et esthétiques sont d'anciens pensionnaires qui ont été incités à reprendre leurs activités abandonnées pendant leurs longues années de défonce, à l'inverse de ce qui se passe dans la baraque où une bonne cuisinière se voit affectée d'office aux tâches de secrétariat.

L'été dernier, j'arrivai à l'improviste avec un collègue au château de la Mothe. Une très jeune toxico inconnue nous reçut. Je lui demandai : « Je voudrais voir Lucien, j'arrive de Paris ». « Comment, tu te dis un ami et tu ne sais pas que ce soir c'est son anniversaire ? »

On nous expliqua quand même comment se rendre au chapiteau, dressé en pleine campagne entre la Mothe et la Bohère. A proximité, un service d'ordre impressionnant canalisait les voitures dans d'immenses parkings improvisés dans les champs. Après une bousculade énorme, nous pûmes approcher du lieu du spectacle. Lucien et sa famille étaient environnés de quatre cents à cinq cents toxicomanes, pensionnaires actuels ou anciens, venus de l'Europe entière ; garçons et filles, patibulaires ou séraphiques, bardés de cuir ou couverts de colliers, tous sagement assis, buvant des jus de fruits et applaudissant à tout rompre les saynètes de patronnage ou les matchs de catch aux seins nus montés par l'une ou l'autre des communautés. Le bruit des caméras qui filmaient le spectacle dérangeait le Patriarche. Il n'eut nul besoin de donner d'ordre. Simplement, il laissa entendre qu'il pourrait se retirer. On cessa donc d'enregistrer.

L'évidence de la position de gourou de Lucien (à condition de rendre à ce terme, devenu péjoratif, son sens initial de précepteur, mentor et guide vers une vie meilleure), particulièrement flagrante ce jour-là, nous conduisit à nous interroger sur la possibilité réelle qu'il laissait aux pensionnaires de se déprendre de leur relation passionnée à sa personne. Le prix à payer pour sortir de la drogue dans ces lieux de vie était-il l'attachement aveugle et l'aliénation définitive à un homme et à une structure ? Pour nous, qui lui avions adressé plusieurs cas, le problème se posait sur un plan d'éthique personnelle.

La réponse vint de certains de nos anciens, notamment d'Aline, la jeune fille qui, promue encadrante peu de temps après son arrivée, travailla trois ans dans les divers centres de l'Association le

Patriarche, notamment en Espagne, où elle tomba amoureuse. Elle arriva naguère au service nous présenter son fiancé. Son départ avait été sans histoire, ainsi que sa réinsertion dans la vie normale.

Il faut reconnaître, à l'évidence, que d'autres pensionnaires ont transformé l'esclavage de la drogue en assujettissement à l'institution. L'erreur serait d'en faire un cas général.

Approche des théories comportementalistes

La lecture de Marie-Gisèle Landes Fus, le récit des visiteurs de Portage ou de la Mothe, choquent une grande part de l'opinion publique en France et indignent généralement les psychanalystes. Aberration méthodologique de ce côté de l'Atlantique, vérité au-delà ?... Il nous semble ici indispensable d'interroger les théories qui fondent les pratiques des communautés comportementalistes.

Selon William Glasser, dans les années soixante, la mise entre parenthèses de la réalité et de l'environnement social devint un des dogmes de la pratique psychanalytique internationale. A la même époque, la durée moyenne des cures commença de s'allonger démesurément. Lors des congrès de l'I.P.A.[1], des médecins nostalgiques ne cessaient de s'inquiéter du fait que le patient actuel soit de plus en plus difficile à analyser classiquement.

Ces constats amenèrent Glasser, psychiatre de Los Angeles à abandonner sa formation analytique pour bâtir une démarche thérapeutique qui se voulait « coller au réel »[2]. Comme Picasso qui disait : « Je ne cherche pas, je trouve », la *reality therapy* refuse de prendre en considération le passé et l'histoire de l'individu pour tenter de le comprendre. Seuls l'intéressent le comportement et les difficultés actuelles.

L'interrogation sur le pourquoi des difficultés présentes remplace le questionnement freudien jugé stérile du "pour-quoi" l'individu a été prédisposé par son enfance à agir de telle ou telle façon. L'*hic et nunc* est le leitmotiv des groupes thérapeutiques du lac Echo. « Il est non seulement possible, mais désirable, d'ignorer son passé », enseigne Glasser. Certes, tous ceux qui,

---

(1) L'Association psychanalytique internationale.

(2) Cf. notre préface "critique" à la deuxième édition française de *Reality Therapy*, de William Glasser, par J.-P. Chartier, ÉPI, Paris, 1984.

comme nous, fréquentent quotidiennement des psychopathes ne peuvent qu'être irrités par leur façon d'invoquer sans arrêt leur enfance douloureuse, dans le but d'excuser leurs exactions présentes. Mais en quoi nier l'historicité de leurs difficultés permet-il de régler leur problème ? Réadhérer à un modèle inspiré par la morale la plus traditionnelle suffit-il à soigner tous ceux qui vivent à vif, comme une plaie qu'on ne sait comment panser ? Selon Glasser, l'irresponsabilité est la cause des désordres de la conduite, de la toxicomanie à la psychose, en passant par la délinquance. Un enfant délinquant, dit-il, « enfreint la loi non pas par rancœur ou par ennui, mais parce qu'il est irresponsable. Le malheur n'est pas la cause, mais le compagnon de son irresponsabilité ». La *reality therapy* ne s'embarrasse donc pas des distinctions nosographiques traditionnelles (névroses, psychoses, perversions), elle les confond toutes dans une nouvelle catégorie clinique : l'irresponsable — version occidentale du parasite social des régimes socialistes ?

La thérapie sera « une pédagogie de la responsabilité, un apprentissage de la manière socialement acceptable de satisfaire ses besoins ». Expérimentés initialement en 1962 dans un site magnifique, près de Ventura, dans la vallée de Santa-Clara en Californie, dans un établissement pour le traitement d'adolescentes délinquantes, les principes de Glasser seront systématisés, caricaturés (?) dans des communautés thérapeutiques pour toxicomanes devenues célèbres : Syananon et Day Top à New-York. Promues au rang de modèles, elles inspireront très directement la vie à Portage et à Venice et bientôt dans toute l'Europe. Or, la lecture de ces théories donne l'impression anachronique que les concepts de surmoi et de culpabilité inconsciente restent encore à inventer, puisque seul est pris en compte le registre manifeste. Elles recèlent surtout le risque redoutable d'une dérive idéologique où le seul critère d'efficacité conduirait à justifier les méthodes des régimes autoritaires (goulag ou n'importe quel camp de rééducation...), les lavages de cerveau des sectes et la thérapie comportementale japonaise dont les séminaires résidentiels pour cadres fatigués ne donnent au public qu'un pâle reflet.

En tant qu'analystes, nous devons nous garder d'effectuer un amalgame abusif et nous interroger sur notre répulsion à accepter un programme pour toxicomanes.

Notre incapacité à supporter le mode de vie coercitif qu'il implique ne saurait être suffisant pour juger de la valeur des structures pensées pour les réhabiliter. Il nous faut au contraire essayer de voir en quoi ces institutions répondent ou non concrètement aux besoins et aux spécificités des populations qu'elles accueillent.

Lever à 6 h ou 7 heures ; aucune liberté ; travail ou scolarité obligatoires ; tabou de la violence ; interdiction parfois de toute sexualité (Portage), ou réglementation stricte de celle-ci (Venice) ; réunions de réflexion et de confrontations systématiques le matin, le midi, le soir, parfois la nuit ; bref, une vie ascétique et monacale, aux antipodes de l'existence du toxicomane, mais aussi surenchère valorisante par rapport au mode de vie du Français, de l'Américain ou du Canadien moyen, stigmatisé par son usage journalier de drogues minables (alcool, tabac).

Nous ne reviendrons pas sur le côté mystique et religieux qui anime à leur insu ces communautés, si ce n'est pour souligner qu'à Portage ou Venice l'accent est mis sur la nécessaire expiation douloureuse, tandis qu'au Patriarche, il existe une conception plus positive de l'homme et que s'y vivent une philosophie et une morale hédonistes qui coexistent avec une discipline de fer, celle qui forge les bataillons d'élite ; elle réussit souvent à revaloriser les plus défavorisés en jouant sans le savoir sur la culpabilité intense et le masochisme immense du toxicomane. L'esprit de corps se nourrit alors de la paranoïa dirigée vers l'extérieur et alimentée par des persécutions de tous ordres, les attaques contribuant à la cohésion des membres et à l'efficacité de la structure.

L'utilisation d'anciens toxicomanes comme thérapeutes principaux sinon exclusifs, favorise à l'évidence l'identification et l'espoir. La vie partagée chaque jour avec ceux qui ont réussi à se libérer de la dépendance aux toxiques, incite sans doute plus à changer que tous les discours et promesses des spécialistes. Ainsi, à Portage, à Venice, à la Mothe, le manifeste (le visible) est aussi un Manifeste (une proclamation), voire une profession de foi en une vie meilleure que celle réservée à ceux qui n'ont jamais connu la drogue. La *manifestatio,* en latin d'église, la manière dont Dieu se rend sensible aux croyants, soutiendraient-elle la ferveur incomparable de ces communautés ?

Freud, sceptique, refusant de prendre parti en dehors de sa stricte discipline, prêchant l'abstinence et la neutralité bienveillante au nom du respect absolu du malade, de ses convictions et de son mode de vie, nous semble alors plus que jamais un antidote nécessaire.

2

Le psychopathe a deux visages

« Je ne suis, en effet, devenu dur que par lamelles. Si l'on savait comme je suis resté moelleux au fond. »

Henri Michaux

LE PSYCHOPATHE EXISTE-T-IL ?

Le psychopathe existe-t-il, hors l'effort des psychiatres botanistes pour étiqueter les personnalités déviantes, et au-delà de la compulsion à théoriser qui frappe nombre de cliniciens renommés ?

La lecture du récent traité de psychiatrie de l'enfant et de l'adolescent[1] n'a pas, de prime abord, dissipé notre perplexité. A en croire Gilbert Diatkine : « Le terme de psychopathie est à discuter, en raison de sa connotation de gravité, au moins dans la tradition française[2]. Ce qui amène "les psychiatres d'enfants et les pédagogues" à préférer parler de « troubles du caractère et de cas sociaux »[2]. Il existe un présupposé idéologique hérité de Dupré opposant les formes pures de psychopathie, par définition incurables, aux formes non pures accessibles à une pédagogie et à un traitement. Or, nous affirmons qu'accepter cette proposition, c'est admettre que ce diagnostic ne puisse être posé qu'a posteriori, en fonction d'une évolution péjorative inexorable, et non dans l'*hic et nunc* d'un ou plusieurs examens, sur des bases séméiologiques permettant d'identifier un syndrome et de repérer une structure psychique ; ici, le pronostic d'incurabilité fonde le diagnostic.

En contradiction complète avec cette approche se situe l'intervention d'un psychiatre conseiller du ministère de la Santé, lors

(1) Serge Lebovici, René Diatkine, Michel Soulé, *Traité de psychiatrie de l'enfant et de l'adolescent,* PUF, 1985.

(2) Op. cit., Gilbert Diatkine, pages 226-227.

du congrès de Strasbourg de mai 1984 sur "Psychopathie et Société[1]. Il avait intitulé son exposé : « La psychopathie, un concept commode », et faisait appel, pour régler les problèmes de la déviance, au civisme des citoyens. Comment, dans un tel contexte, espérer voir prendre en considération des projets thérapeutiques (coûteux) de prise en charge de la violence et du crime ?

Aux États-Unis, racontait l'an dernier Pierre Bellemare dans son émission quotidienne les *Histoires extraordinaires*, il existerait une race spéciale de criminels, les "psychopathes" qui sont les meurtriers sadiques. Le narrateur rejoignait ainsi les théoriciens pour qui le psychopathe n'est qu'un produit culturellement, historiquement et sociologiquement déterminé sans réalité psychopathologique spécifique, et la psychopathie le miroir de la population pénale d'un lieu et d'une époque. La psychopathie ne serait-elle donc qu'affaire de conjoncture ? Pour répondre à cette question, il nous a paru intéressant de mettre en relation Pierre G., gangster expertisé par Daniel Lagache en 1944, et Rocky, que nous avons rencontré en prison, à la Santé et à Bois d'Arcy, cette année.

Pierre G. ou le chevalier à la charrette
Rocky et la quête du Graal

Certes, Pierre G. n'est pas un inconnu de la justice quand il est arrêté le 11 mars 1940 à Bourgoin. Déjà en 1938 et 1939, des vols et des cambriolages de villas l'avaient conduit en prison avant qu'une expertise psychiatrique ne l'en sorte. Pour le docteur Clerc, qui l'a examiné alors, il présentait « un état d'excitation affective (humeur sthénique joyeuse et coléreuse), euphorie, contentement de soi, tendance à la plaisanterie, d'hyperkinésie (gesticulation plus ou moins abondante et souvent excessive), d'excitation idéïque (prolixité, sinon logorrhée, attention vive et mobile, hypermnésie) ». En tant que délinquant, il n'éprouve ni honte ni culpabilité, minimise ses infractions : « Tout ce qu'il a fait ne sont que des plaisanteries qui ne méritent qu'une condamnation pour la forme ». L'expert conclut à un état d'hypomanie et d'instabilité assimilable à une démence. Pierre G. sera donc interné à Saint Égrève. Faisant pression sur le

(1) Cf. notre conférence sur les modalités thérapeutiques de prise en charge des psychopathes et de leurs familles - J.P. et L. Chartier in Les actes du congrès -psychopathie et société - organisé par la Société ACCORD et la Société Européenne de psychologie - parue dans *La Nouvelle Revue de Psychologie* n° 2-3, Strasbourg, 1985.

préfet par l'intermédiaire de son amie qui le connaissait, il sera assez rapidement remis en liberté.

La guerre éclate. Malgré ses antécédents psychiatriques, il est incorporé. Mais son séjour à l'armée sera bref, émaillé de plusieurs incarcérations disciplinaires. Bien qu'il ait su gagner à sa cause le médecin militaire qui le protégeait, Pierre G. va déserter pour éviter un nouvel emprisonnement, après avoir refusé de saluer un capitaine. Toutefois, il prendra la précaution de s'établir un ordre de route "maison", avant de rejoindre sa maîtresse avec qui il fit « une bamboula effrenée ». Il aurait ensuite, nous dit Lagache, traversé « une période de dépression nerveuse, de trois à quatre semaines, mort, sans réaction, vidé ». Mais, très vite, il se lance dans le marché noir et la revente de véhicules volés. Lorsque les policiers perquisitionnent à son domicile, il les laisse monter tout en chargeant son fusil de chevrotines et vise un des inspecteurs à la tête. « Mon intention, dit G., c'était de les supprimer purement et simplement. Ils étaient chez moi, on ne m'aurait rien fait ». S'étant enfui après son double meurtre raté, il se réfugie chez une amie qui tient une maison close.

Il recommence dès lors ses vols de voitures et c'est pour avoir « tiré une splendide charrette » comme on le dirait aujourd'hui[(1)] qu'il va être repris. Le véhicule tombe en panne ; il charge alors un garagiste de la réparer et de l'amener près de son domicile. Il fera feu sur ceux qui viendront l'arrêter. Un parent du propriétaire de l'automobile sera touché au ventre. « Si je l'avais tué, il n'aurait eu que ce qu'il méritait, s'étant occupé de ce qui ne le regardait pas. Et s'il s'était agi d'un inspecteur, j'en aurais été très content et joyeux ». Le psychiatre qui l'avait expertisé deux ans plus tôt le trouvera cette fois parfaitement lucide, calme et raisonnable, mais stupéfiant « d'indifférence profonde et d'agressivité ». Son histoire familiale et infantile nous éclaire-t-elle sur sa conduite pour le moins singulière ?

A la génération des grands-parents, on repère une véritable hécatombe : quatre enfants morts en bas-âge sur huit, et une fille « qui en a fait de toutes les couleurs, a mis le feu à la maison, s'est jetée dans un puits pour finir par se pendre ». De son père, il

(1) Une caisse, une tire, une chignole, une charrette, telles sont les appellations les plus contrôlées des automobiles à l'heure où nous écrivons ces lignes, d'où notre titre « le chevalier à la charrette ». On sait qu'à l'époque de la chevalerie, la charrette d'infamie était l'équivalent du pilori.

dit à la fois qu'il était trop gentil et qu'il en imposait à l'excès lors de crises de violence. Sa mère était nerveuse et anxieuse. Elle perd un enfant en bas-âge avant la naissance du prévenu et depuis elle souffre de troubles gynécologiques constants. A l'école primaire, Pierre se fait remarquer autant par ses bons résultats que par son indiscipline chronique. Ses enseignants sont indulgents avec lui, eu égard à son excellent travail et à la bonne situation de son père (directeur d'une filature). Pourtant, dès l'enfance, il aurait été menteur et voleur de l'argent maternel. Plus tard, il sera renvoyé d'un internat pour vol. « Le plaisir de barboter, c'est tellement bon. Ça coûte cher, mais enfin ! » Lors d'une rixe particulièrement violente avec un surveillant à qui il casse une chaise sur la tête, il sera exclu de l'école professionnelle où son père avait pu le faire entrer par protection, après son renvoi du lycée. Il déclare qu'il veut apprendre la coiffure. Les parents, d'abord surpris, lui donnent cependant l'argent qui lui permet de monter à Paris et d'entamer une carrière de délinquant professionnel.

Il vend des examens falsifiés, recèle des fûts de vin et de cognac volés à Bercy. Parallèlement, il se lie avec une femme plus âgée que lui, maîtresse d'un des directeurs de l'agence Havas. Après avoir gagné pas mal d'argent dans des trafics divers, il l'emmène à Nice où ils vivent dans le luxe avec une voiture et des chiens qui sont « les trois-quarts de sa vie » : des beaucerons et un couple de songhies. « Malheureusement », selon ses dires, G. s'est occupé de politique. « C'était la grande époque de la C.G.T. Mes copains s'amusaient à pas mal de trucs contre les francs-maçons. Moi, je décidais de faucher leurs voitures pour les détruire, en les jetant sur un poteau ou dans un étang ». Puis ce fut son dernier emprunt de "charrette" avant son arrestation pour vol, recel, port d'armes prohibées, coups et blessures. Il déclare alors à D. Lagache, qui l'expertise en prison, qu'on ne saurait trouver sur terre une personne qui n'ait fait d'actes délictueux. « Moi, j'en ai fait un peu plus que vous, mais pas vraiment plus. J'ai toujours pris à des gens qui en avaient trop. J'ai pris à des directeurs, des docteurs, des ingénieurs ».

En prison, il se sent quelqu'un : « Je suis chef d'atelier. On s'est rendu compte qu'il y avait tout de même un type qui comprenait mieux que mes camarades l'univers carcéral ». Pierre G. n'a-t-il pas été toujours plus grand et plus fort que ceux de son âge ? A treize ans, il avait déjà une telle allure virile qu'il avait ses entrées sans problèmes dans les bordels. A vingt-trois ans, note Lagache, « il fait homme mûr ». Homme fini ? Desperado de l'auto, caïd de prison qui n'hésitera pourtant pas à faire parvenir cinquante francs à un co-détenu dans le besoin.

A la différence de Pierre G., Rocky n'a pas connu de vie de famille. Sa mère, mécanicienne, a été très souvent hospitalisée à Charenton pour dépression et peut-être aussi pour toxicomanie. Son père s'en est allé avant sa naissance. Il ne l'a jamais retrouvé. Son beau-père fut alcoolique et violent et Rocky sera rapidement placé chez des parents nourriciers. A l'école, il est bon élève, travailleur, mais particulièrement insolent. Il dit aussi beaucoup de mal de sa famille. Ne contrôlant son agressivité ni avec ses condisciples, ni avec les enseignants, il va se retrouver placé dans un foyer de l'éducation surveillée. Là non plus, il ne sera pas supporté. En 1969, il intègre un internat de rééducation pour adolescents caractériels, qui s'était fait une certaine réputation dans la prise en charge de jeunes particulièrement difficiles. J'aurai l'occasion d'y connaître Rocky lors d'entretiens qu'il ne refusera pas d'avoir avec moi. Dans l'internat, Rocky ne passe pas inaperçu. A quatorze ans, croissance terminée, il pèse quatre-vingt quinze kilos pour un mètre soixante-dix sept. S'en suit tout un courrier courtelinesque entre Jean-Claude Ferrand, le directeur de l'établissement, et l'inspecteur de la tutelle au sujet de sa vêture hors des normes du vestiaire standard de l'administration : La DASS consent à ce que, "exceptionnellement", vu le gabarit du garçon, l'économe de l'établissement achète elle-même et au "meilleur prix" les vêtements de Rocky. Pendant son séjour, il jouera volontiers les caïds et les justiciers. J'ai repris, récemment, un à un les compte-rendus de synthèse effectués, pendant les quatre années que dura son placement dans notre établissement, afin d'essayer d'y repérer une partie des fils ténus de la chaîne et de la trame du destin de celui qui allait devenir plus tard un délinquant hors du commun. Ses éducateurs se partagent et s'opposent sans fin à son sujet. Exemples :

- Il aime les plus jeunes / Non, il ne les supporte pas ;
- Il paraît très à l'aise / Il est très gauche et impulsif ;
- Il se montre excessivement familier avec les éducateurs / Il se comporte d'une manière obséquieuse avec les adultes ;
- Il n'est pas délinquant / Il a fait une tentative de vol avec Philippe Denfert, un de ses camarades dont nous avons raconté le tragique devenir dans *Les parents martyrs*[(1)].

---

(1) Jean-Pierre et Laetitia Chartier, *Les parents martyrs,* Privat, 1982.

Pourtant, tous ceux qui se sont occupés de Rocky à cette période de sa vie et au-delà de leurs divergences d'appréciation, s'accordent ou veulent s'entendre sur son évolution positive au cours de son séjour dans l'internat. J'ai noté neuf fois une indication de bon pronostic dans les synthèses ; au moins deux fois plus que pour ceux qui ont ensuite bien tourné. Lors de sa sortie, le psychiatre de l'établissement conclut : « Garçon intelligent, qui s'est bien structuré, a complètement dominé sa délinquance pendant son séjour. Fera tout un jour pour devenir éducateur ». Il était loin d'imaginer que huit années plus tard, Rocky ferait la une des journaux à sensation !

A son départ de l'IRMP, Rocky entre dans un foyer de jeunes travailleurs à Cachan. Il travaille comme mécanicien dans un atelier de décolletage. « Au bout de quinze jours, je suis allé voir une copine rue Saint-Denis. Une fille venait d'être poignardée. On m'a proposé quinze mille francs par mois pour faire le service d'ordre. J'ai craqué, j'ai rejoint mon milieu d'origine ». Les mamans de Rocky enfant, des Madame Rosa. Les amies de Rocky adolescent, des filles de joie. Depuis ses treize ans, elles l'avaient adopté. Elles l'accueillaient à chaque permission de sortie de pension. Son physique impressionnant avait favorisé son admission auprès de leurs protecteurs. Depuis cette époque, il donnait de petits coups de main. S'agissait-il de faire déguerpir un client récalcitrant ? Rocky s'interposait.

Plusieurs années après sa sortie, et à sa demande, nous irons le visiter en chirurgie à l'hôpital Saint-Antoine. Deux coups de couteau au ventre avec un pronostic vital fort réservé. A l'évidence, les risques du métier d'un videur d'hôtel meublé ! On ne fréquente pas le Milieu impunément. Rocky venait de l'apprendre à ses dépens. Et pourtant, guéri, ayant oublié ses bonnes résolutions d'un instant, il va "s'éclater" : s'acheter un restaurant avec des associés, un bel appartement parisien, vivre la nuit intensément et se faire des relations qui feront de lui un tueur à gages, considéré par la police « comme un des dix derniers spécialistes du contrat existant encore sur la place de Paris ». Il se vante alors d'avoir procédé à quinze exécutions. Son rôle était d'amener, pour leur dernière promenade, des belles de nuit et des souteneurs qui n'avaient pas été réguliers. A ses derniers commanditaires, avant son arrestation, il aurait affirmé : « Ne vous en faites pas, je ne raterai pas mon coup. Mes clients ont toujours été satisfaits de mon travail ».

Alors que nous étions sans nouvelles de lui depuis plusieurs années, c'est par hasard, en lisant la presse du moment, que nous avons retrouvé la trace de Rocky. Il y parlait aussi des meilleurs moments de sa vie, de ces quatre années qu'il avait passées dans un internat de notre association. Et le journaliste du *Matin*[1] de conclure, sans nous avoir rencontrés : « Il n'a pas dû s'y faire que de bonnes fréquentations ».

Aux Assises où il sera jugé pour avoir abattu le patron d'une petite entreprise, le président du tribunal lui fait remarquer :

« — Vous l'avez tué de deux balles et à une distance respectable. Vous devez être un tireur d'élite ?

— Non, Monsieur le Président, disons que j'ai eu la veine des débutants. »

Rocky a tué, comme il me le dira ensuite, « pour rendre service et par intérêt ». Pour rendre service, pour aider une femme et son amant à se débarrasser d'un mari gênant qui, au cours du procès, n'apparaîtra plus comme le père de famille modèle décrit par les journaux, mais comme un véritable voyou n'hésitant pas à faire venir chez lui des amis pour violer et corriger une épouse récalcitrante. Il l'a aussi tué pour gagner vingt-cinq mille francs, somme ô combien dérisoire face aux quinze ans de réclusion qu'elle va lui coûter.

C'est ainsi qu'un samedi, en fin d'après-midi, sous un ciel de février hésitant entre neige et pluie, j'arrivais à Bois d'Arcy à l'heure de la visite des avocats. Le directeur, à ma stupéfaction, semble parfaitement connaître Rocky : « Ah oui, l'assassin du mari de Géraldine ». Renseignements pris, il a tué le mari de la fille d'un surveillant-chef de la prison de la Santé, ce qui explique sa "popularité" dans ces lieux. De l'intérieur du parloir qui m'est devenu familier depuis que je m'occupe de psychopathes, j'écoute la rumeur de la visite des familles qui se termine en bas. Rocky arrive, un peu amaigri, mais semblant très à l'aise. Une grosse plaque pend d'une chaîne en or sur sa poitrine. Ses souvenirs du centre où je l'ai connu ? « On est trop heureux. Cela donne le

(1) « Rocky est une véritable bête d'un mètre quatre-vingts, une force de la nature, au regard d'acier, doué d'un appétit féroce (il lui faut faire plusieurs repas par jour pour le calmer) », etc. Dans ces affaires, l'imprécision, la partialité et le senstionnalisme guettent la presse, y compris celle qui jouit du meilleur crédit auprès du lecteur cultivé. Quand et par quels médias des sujets aussi impopulaires que la psychopathie seront-ils traités avec la gravité et le sérieux qu'ils méritent ?

goût d'avoir tout tout de suite ». Son seul reproche ? « L'orientation politique des éducateurs. Sinon j'aurais aimé faire ce métier ». Son bilan ? « Je ne regrette rien. Je pense avoir pas trop mal réussi ma vie, en avoir profité pendant dix ans. Tu sais, j'ai un restaurant de cent cinquante briques ». Sa philosophie ? « Ou tu es un mouton, ou tu es un fauve. Le Milieu, c'est la Jungle. J'utilise les avantages de la société pour bien vivre. D'ailleurs, le psychiatre a dit que je n'étais pas dangereux pour la société. J'ai eu d'excellents résultats aux tests ; à ses questions sur ma vie délinquante, je lui ai répondu : vingt-trois heures trente par jour, je suis un homme comme vous. Je fais mes courses, je mange, je pisse, j'ai une vie de famille et dans mon quartier on m'appelle monsieur. Une demi-heure par jour, je traite mes affaires et on me dit délinquant. » Sa morale ? « Je ne supporte pas les "pointeurs", ceux qui ont violé des petites filles ou des petits garçons. Si l'un d'eux a le malheur de s'approcher de moi, il risque de se faire cogner. Je pense trop à ma fille. Mais le vrai danger social, ce sont les agresseurs de vieillards. Ici, ils savent bien qu'ils n'ont pas intérêt à s'asseoir auprès de moi ». A propos du meurtre qu'il a commis ? « Tu sais, si des personnes, des amis te disent de tuer quelqu'un, c'est qu'ils lui veulent du mal. Si on veut du mal à un type, c'est qu'il a nui à certains. Moi, j'ai réglé le problème. En quelque sorte, j'ai fait justice ». Sur son avenir ? « Ici, j'ai la paix royale. Au début, j'ai eu quelques différends avec un maton et je me suis retrouvé au mitard. Maintenant, j'ai fait un pacte avec les surveillants. J'ai dit : je ne ferai plus chier le personnel, je n'organiserai pas de révoltes et tout le monde me respecte et je fais ce que je veux ». Comme Pierre G., Rocky a l'air de vivre en prison comme un poisson dans l'eau.

Perplexes, au début de ce chapitre, devant les assertions contradictoires relatives à la psychopathie, nous nous posions la question de savoir s'il était légitime de l'individualiser en une catégorie nosographique particulière. Surtout, nous nous interrogions sur la possibilité de dégager sur le plan psychanalytique une structure spécifique à ces états controversés. Sans donner valeur de preuve formelle à deux exemples, notons la similitude frappante, à quarante ans d'intervalle, du discours, des attitudes et de la conduite de Pierre G. et de Rocky, élevés dans des contextes familiaux, économiques et socio-culturels radicalement différents. Plus connus du public, Mesrine, Mac Murphy, le héros de *Vol au-dessus d'un nid de coucou,* interprété à l'écran par Jack Nicholson, et

Alex, meurtrier pour le plaisir et violeur cynique d'*Orange mécanique,* présentent beaucoup de points communs avec Pierre G. et Rocky. Pouvons-nous avancer qu'il existe une organisation singulière de la personnalité de ces sujets, à l'évidence ni simplement névrosés, ni ouvertement psychotiques, qui transgressent répétitivement les lois sans être de simples délinquants utilitaires ?

En ce qui nous concerne, nous pensons qu'il existe chez eux **des traits psychopathiques que nous appellerons négatifs, comme l'inaffectivité, la froideur dans l'agir destructeur, l'absence de regrets, de remords et de culpabilité apparente après l'acte et ceux que nous dénommons positifs (comme Freud parle des aspects négatifs et positifs du complexe d'Œdipe), c'est-à-dire : l'agressivité, l'impulsivité, la dangerosité et l'identification à un modèle héroïque de "superman", chef de gang chez qui la tentative de meurtre ou l'assassinat réussi est vécu comme une ordalie**[1]. La nosographie psychiatrique nous permettra-t-elle "d'affiner" leur portrait ?

LE PSYCHOPATHE EST QUELQU'UN QUE VOUS N'AIMEZ PAS (Kanner)

« Si l'on parcourt la bibliographie courante de l'aliénation mentale, si l'on consulte les grands traités de psychiatrie, on ne trouve aucun ouvrage, aucun chapitre consacré à ce sujet », constatait Dupré au congrès des aliénistes de langue française à Tunis, en 1912. La situation est-elle différente aujourd'hui ? Nous tenterons de faire le point en soulignant toutefois le nombre restreint de publications sur ce thème eu égard à la quantité impressionnante d'articles et d'ouvrages imprimés chaque année sur la schizophrénie ou la dépression. La difficile articulation du social et du thérapeutique explique sans doute en partie la désaffection des spécialistes pour l'étude de ces sujets.

Trois grands courants de pensée ont abouti à la version actuelle de la personnalité psychopathique : la théorie française, qui insiste sur

(1) Si la psychopathie semble résister au temps, elle ne paraît guère plus affectée par l'espace. Les observations fragmentaires que nous avons pu recueillir avec peine en Chine populaire où le *Shizong* (pilori) reste une pratique courante, nous amène à le croire. Cf. J.-P. et L. Chartier, *Aspects de la psychiatrie en Chine populaire,* in *Liaisons,* n° 104, 1978.

l'hérédité et la dégénérescence ; la conception allemande, qui reconnaît la dimension de la souffrance collective et individuelle ; et le point de vue anglo-saxon, qui privilégie les symptômes d'inadaptation sociale.

L'école française de psychiatrie, après avoir utilisé les notions neurologiques de dégénérescence (Morel, 1857) et de déséquilibre mental (Magnan, 1895), adoptera la conception élaborée par un psychiatre du Ministère de la justice auprès d'un échantillon de bagnards de Tataouine. Selon Dupré, les perversions sont des "anomalies constitutionnelles des instincts de l'individu considéré dans son activité morale et sociale, anomalies primitives, spontanées, antérieures à l'apparition de la conscience et de l'intelligence. **La perversion est au plan moral et social l'équivalent de l'oligophrénie au plan intellectuel !** »

Une affection constitutionnelle empêcherait ainsi le sens moral de se développer. La perversion se manifeste ensuite comme la mauvaise herbe dans un champ non cultivé, dans les trois secteurs instinctuels que distingue Dupré. Elle s'exprime par le suicide là où existe chez l'individu normal l'instinct de conservation, par les perversions sexuelles qui prennent la place de l'instinct de reproduction, et par le banditisme et le crime qui se substituent chez le psychopathe à l'instinct d'association.

L'impact de cette version du psychopathe inéducable, inamendable et inintimidable fut énorme. Pour des générations d'enfants et d'adolescents caractériels des années cinquante, le diagnostic de pervers devint un verdict sans espoir, une condamnation à l'inadaptation sociale définitive[1]. Comme le fait remarquer Gilbert Diatkine[2], Dupré partageait certainement l'idéologie actuelle des psychiatres soviétiques : tous ceux qui troublent l'ordre public ou rêvent de le bouleverser, sont des malades à enfermer.

Pour les allemands, avec Kraepelin et surtout Kurt Schneider, étonnemment modernes sans le savoir en 1923, le déficit de l'intelligence et l'organicité n'ont rien à voir dans ces désordres de la conduite. Schneider introduit le terme "psychopathie" pour

(1) Cf *Le devenir des enfants caractériels dits pervers à l'âge adulte* - Mémoire pour le doctorat de troisième cycle - Directeur de thèse : Favez-Boutonnier, par J.P. Chartier et Claude Jacquemain - Paris 1969.

(2) Cf. Gilbert Diatkine, *Les transformations de la psychopathie,* PUF, 1984.

désigner un état qui ne relève en rien d'un processus organique pathologique, mais qui dépend d'une personnalité anormale "telle que son caractère anormal l'a fait pâtir ou fait pâtir la société". Ces deux caractéristiques suffisent à faire comprendre pourquoi, quelle que soit la nomenclature officielle adoptée, nous préfèrerons toujours le concept de psychopathie dans son acception étymologique "Celui qui souffre de sa psyché" (et n'en veut rien savoir) à toute autre dénomination. La conduite anti-sociale (en attendant la tendance anti-sociale de Winnicott (1956), fut l'axe de la réflexion des auteurs anglo-saxons. A la suite du concept de "folie morale" de Pritchard (1835), l'accent y est mis sur les impacts sociaux de ces personnalités. On parlera ainsi de déviance, de dissociabilité et de sociopathie. Le pragmatisme anglo-saxon s'intéresse plus aux résultats qu'aux origines des anomalies psychiques. En témoigne la dernière classification américaine des troubles mentaux DSM3[1] dont voici les critères de diagnostic de la "personnalité anti-sociale" :

Critères diagnostiques :

A - Age actuel : au moins 18 ans.

B - Début avant l'âge de quinze ans, comme en témoigne, avant cet âge, l'existence d'au moins trois des manifestations suivantes :

- école buissonnière (au moins 5 jours par an durant un minimum de 2 ans, la dernière année scolaire non comprise) ;
- exclusion temporaire ou renvoi de l'école pour mauvaise conduite ;
- délinquance (avec arrestation ou saisie du Tribunal pour enfants pour inconduite) ;
- au moins deux fugues durant toute la nuit du domicile des parents ou de celui des tuteurs ;
- mensonges fréquents ;
- rapports sexuels répétés au cours de relations éphémères ;
- ivresses répétées ou abus de substances toxiques ;
- vols ; vandalisme ;
- niveau scolaire nettement inférieur à ce que laisserait supposer le quotient intellectuel estimé ou connu (ce qui peut se traduire par un redoublement) ;

(1) Cf. *Diagnostical and Statistical Manuel for Mental Desorders* - DSM3 American Psychiatric Association 1980.

- violations répétées des règles familiales et/ou scolaires (en dehors de l'école buissonnière) ;
- incitation à bagarres.

C - Au moins quatre des manifestations suivantes depuis l'âge de dix-huit ans :

- incapacité à conserver une profession régulière, comme l'indique l'une des manifestations suivantes : a). changements trop fréquents d'emploi (ex. : au moins trois postes différents dans les cinq années précédentes, en tenant compte de la nature du travail et des fluctuations économiques et saisonnières) ; b). chômage prolongé (ex. : six mois ou davantage en cinq ans dans l'attente d'un emploi) ; c). absentéisme professionnel (ex. : en moyenne trois jours ou plus de retards ou d'absences par mois) ; d). abandon de plusieurs emplois sans en avoir d'autres en vue (Note : ce critère est remplacé par la constatation d'un comportement équivalent dans un cursus universitaire au cours des dernières années chez des étudiants qui, en raison de leur âge ou des circonstances, n'ont pu faire la preuve de leur adaptabilité professionnelle) ;

- inaptitude à assumer un rôle de parent responsable, comme le démontrent une ou plusieurs des manifestations suivantes : a). malnutrition d'un enfant ; b). maladie d'un enfant liée à un manque d'hygiène élémentaire ; c). négligence à faire traiter un enfant gravement malade ; d). enfant laissé à la charge de voisins ou de proches n'habitant pas au domicile pour la nourriture ou le gîte ; e). absence de gardiennage d'un enfant de moins de six ans en cas d'abscence des parents du domicile ; f). gaspillage répété, pour un usage personnel, de l'argent nécessaire au ménage ;

- incapacité à respecter les normes sociales telles qu'elles sont définies par la loi, comme en témoigne l'une quelconque des manifestations suivantes : vols répétés, activités illégales (proxénétisme, prostitution, recel, trafic de drogues), arrestations multiples ou condamnation pour crime ;

- incapacité à s'attacher de façon durable à un partenaire sexuel, comme l'indiquent au moins deux divorces ou séparations (qu'il y ait eu mariage légal ou non), un abandon du conjoint ou une sexualité désordonnée (dix partenaires sexuels ou plus en une année) ;

- irritabilité et agressivité, comme l'indiquent une agression ou des bagarres répétées (non justifiées professionnellement, ni pour défendre quelqu'un ou pour se défendre) incluant les violences à conjoint ou à enfant ;

- incapacités à respecter des engagements financiers tels que dettes impayées de façon répétées, incapacité de subvenir aux besoins des enfants, incapacité à faire face à d'autres charges de famille de façon régulière ;
- imprévisibilité ou impulsivité se manifestant par des voyages sans raisons professionnelles, sans but précis et sans idée claire du moment où ils se termineront, ou encore absence d'adresse fixe pendant un mois ou plus ;
- mépris pour la vérité avec des mensonges répétés, usage de faux noms, "abus de confiance" pour un profit personnel ;
- insouciance, comme en témoigne une conduite en état d'ivresse ou un excès de vitesse.

Risque ainsi d'être étiqueté "personnalité anti-sociale" l'enfant chahuteur ayant falsifié son cahier de notes, qui se retrouvera déféré devant le juge des enfants pour avoir brisé un ou deux rétroviseurs de voitures en stationnement. Il le sera sûrement si, devenu adulte, il lui arrive de divorcer, de connaître des périodes de chômage et de se faire prendre pour excès de vitesse lors d'une envie subite de voyage non préparé. S'il fait l'objet d'une telle démarche diagnostique, qui pourrait d'ailleurs fort bien être l'œuvre d'un ordinateur, l'intéressé partagera la même catégorie nosographique qu'un Jacques Mesrine. C'est assez dire le danger des méthodes de pure compilation statistique pour fonder les avis et jugements des experts, magistrats et praticiens, sur ceux dont il leur faudra décider du sort, ou assumer la charge et si possible le traitement. Les descriptions actuelles de l'école française échappent-elles au schématisme et à la caricature du "psychopathe statistique" anglo-saxon ?

A partir des données historiques et du contexte socio-culturel que nous venons d'évoquer, Gilbert Diatkine, dans le *Traité de psychiatrie de l'enfant et l'adolescent*[1], tente de synthétiser les notions communément admises par la psychiatrie contemporaine.

Dans une première approximation, il considère comme psychopathes « les adolescents dont la forme quasi exclusive de décharge pour toutes leurs tensions psychiques est le passage à l'acte

(1) Op. cit., Serge Lebovici, René Diatkine, Michel Soulé, *Traité de psychiatrie de l'enfant et de l'adolescent,* PUF, 1985.

délinquant[1] ». Il rattache, avec quelques réserves à cette catégorie : « les troubles graves du comportement et de la conduite des jeunes »... « dont la psychopathie à l'âge adulte constitue une des possibilités évolutives mais pas la seule »[2] et « les comportements psychopathiques transitoires... » de sujets « ayant par ailleurs toutes sortes d'autres modalités d'élaboration... »[2].

Son étude séméiologique évoque la notion d'entité morbide au sens où l'entendent Dupré, quand il définit la "perversion instinctive", et avant lui, Pinel lorsqu'il parle de "manie sans délire", puis lui oppose celle de trouble de la personnalité, conforme aux conceptions de K. Schneider et de Kraeplin, pour qui la psychopathie n'a rien à voir avec une maladie mentale. Au total, dans la perspective retenue par Diatkine « la psychopathie n'est ni une maladie dont il faut faire l'inventaire des signes et les décrire, ni un trouble de la personnalité qu'on ne peut guère qu'observer, mais un mode particulier de faire face à la tension psychique en évitant l'élaboration mentale par des réponses agies au détriment de l'élaboration mentale[2] ».

D'autres auteurs ont sur le psychopathe un jugement moins nuancé. En 1981, Quentin Debray[3] écrit : « Le psychopathe est instable, ne veut pas se fixer (ironie involontaire du terme lorsqu'il s'applique à ceux qui se piquent à l'héroïne ?), il change sans cesse d'emploi, d'occupation, de domicile, ses fréquentations, ses attachements sentimentaux sont également très instables. Il vit de combines, de parasitisme, dans une errance et une improvisation qui réalisent une suite chaotique d'aventures et d'épisodes... (Viens chez moi, j'habite chez une copine)... Le psychopathe est naïf, pas vraiment actif, partage son temps entre l'ennui boudeur et les palabres sans lendemain... C'est une girouette qui tourne au moindre vent, un caméléon qui prend la couleur de celui qu'il côtoie. Peu contrariant, il sera toujours de votre avis et en changera dès que vous aurez le dos tourné »... « Il n'a pas de volonté, de constance, de cohérence. Il manifeste insidieusement une attitude méprisante vis-à-vis du mode de vie de la société environnante »... S'il se suicide, c'est sur un « mode

(1) Op. cit. page 225.
(2) Op. cit. page 226.
(3) Professeur agrégé de Psychiatrie au C.H.U. Necker - Enfants malades, in *Le psychopathe.* Nodules, PUF 1981 (pp. 15, 16, 17, 19 et 20).

infantile et théâtral »... « Il y a chez le psychopathe une agressivité de fond, un mépris, un manque de charité fondamental vis-à-vis des autres. » Bref, c'est une crapule. Adepte des turpitudes sexuelles, y compris la sexualité de groupe, il tentera de salir les sujets faibles et complaisants... « Ainsi fera-t-il rougir l'honnête femme, tandis qu'il enivrera le père de famille et entraînera dans une nuit de débauche le collégien ou la collégienne... » Par ailleurs, « il est physiquement normal, habillé d'une façon qui ne tranche pas avec le milieu ambiant... » Nul doute qu'une telle description ne réveille des souvenirs chez ceux qui ont eu jadis ou récemment à souffrir de persécutions raciales. Faut-il admettre que la *doxa*, l'opinion courante du français moyen, se trouve ainsi théorisée ? Comment ignorer que de tels discours risquent non seulement de n'avoir aucune valeur thérapeutique, mais de justifier et de renforcer la haine, la rage et l'absence d'espoir qui caractérisent tout psychopathe dans ses rapports avec la société de son temps ?

En matière de psychopathie, la position psychiatrique orthodoxe nous apparaît à la fois partielle et partiale. Partiale par défaut d'analyse de son implication sociale dans le phénomène qu'elle devrait observer objectivement. En effet, à de trop rares exceptions près, les psychiatres prennent le parti de la défense de la société, renonçant du même coup à leur mission historique qui consistait à sauver les fous de la répression (Les compte-rendus d'expertises psychiatriques rédigés lors d'affaires criminelles récentes sont fort éloquents à ce sujet[1]). Partielle, car ces praticiens ont recueilli leurs informations lors de trop brèves rencontres avec des sujets incarcérés et/ou soucieux de voir atténuée leur responsabilité pénale. Habituellement ils ne les reverront pas suffisamment pour repérer sous la façade "à la Dupré", l'autre visage du psychopathe.

SOUS HYDE SE CACHE LE DOCTEUR JEKYLL : UN CHEVALIER D'INDUSTRIE (Karl ABRAHAM)

Le lendemain de ma visite à Bois d'Arcy, Rocky m'écrivit une longue lettre dont voici l'essentiel : « Cher Jean-Pierre, ta visite

---

(1) Comme le disait le regretté Georges Daumezon, le psychiatre expert qui « propose la mesure la plus apte à protéger la société, abandonne sa qualité de médecin pour celle de juge », in *La rencontre avec la perversion, L'Inconscient* n° 2 - PUF 1967.

m'a agréablement surpris. Je dois t'avouer qu'au début je ne t'avais pas remis. Ce n'est qu'au cours de notre discussion que je me suis souvenu de notre ancienne relation. Si par mon modeste témoignage je peux apporter une aide aussi infime soit-elle au Centre où j'ai vécu heureux, je m'estimerai content et j'aurai l'impression de payer un peu le mal que j'ai fait à l'Association par mon comportement. » Suit une liste de propositions concrètes destinées à améliorer le fonctionnement de l'établissement ; en particulier il faudrait « à mon avis, des cours d'instruction civique, pour que les jeunes comprennent qu'il leur faut travailler honnêtement et ne pas espérer tout avoir au bout de six mois. Jean-Pierre, une chose est importante pour moi, je ne veux pas que toi, Jean-Claude — qui est pour moi un grand monsieur —, Michel et Éliane sa femme, qui étaient comme mes parents[1], vous vous sentiez responsables en quoi que ce soit de la route que j'ai suivie. Souvent je parle à ma femme et à ma fille, qui a huit ans et demi, de l'école où j'étais très heureux. Aujourd'hui j'ai trente ans. Je voudrais que tu dises aux personnes de l'Association qui m'ont bien connu que j'ai suffisamment vécu dans la délinquance. Maintenant j'aspire à autre chose, c'est-à-dire à vivre avec ma fille, qui est la prunelle de mes yeux, aller la chercher à l'école, participer à son éducation. Je recherchais mon *Graal* alors qu'il était à côté de moi. Pour elle je vais essayer de rentrer dans le droit chemin. Ce dont j'ai peur, c'est de passer trop d'années en prison et qu'elles me rendent aigri. Pour l'instant, je tiens le coup et ta visite me réconforte dans mon ambition.

P.S. : j'espère que je n'ai pas trop changé et que surtout je ne te suis pas trop antipathique. »

Que penser de cette lettre ? Essai de manipulation banal chez un pervers ? Tentative de séduction intéressée chez un déséquilibré ? Tous les auteurs s'accordent avec Abraham à reconnaître le charme des psychopathes auprès « d'êtres de tous âges, de toutes conditions et des deux sexes, pour les tromper ensuite ».

N. le Chevalier d'Industrie, dont il nous narre l'histoire, s'était acquis dès son arrivée à l'armée toutes les sympathies. Il jouissait de l'estime particulière de ses camarades et avait conquis auprès de son chef de compagnie une situation privilégiée. Si grande est la confiance que lui accordèrent ses supérieurs militaires, pour-

(1) Le directeur et les éducateurs de l'établissement où il a passé trois ans.

tant au courant de son passé d'escroc, qu'ils n'hésitèrent pas à lui confier la caisse du régiment ! Il la dilapida rapidement à son profit. Emprisonné, il fascina ses gardiens et obtint sans violence de retrouver les chemins de la liberté(1), un gardien ayant laissé les clefs à sa portée(2). N. ayant falsifié ses papiers et pourvu ses vêtements de galons de plus en plus prestigieux, devint la coqueluche des villes d'eaux allemandes et le héros modeste de faits d'armes dont il parlait d'autant mieux qu'il ne les avait pas vécus. Repris, il sera conduit à l'hôpital militaire par trois caporaux spécialement sûrs et intelligents « qui devaient, pour éviter son ascendant, ne se laisser entraîner à aucune conversation avec lui ». Abraham les retrouvera, l'un posant comme modèle, l'autre admirant le Chevalier d'Industrie appliqué à faire le portrait du troisième geôlier présumé incorruptible(2).

Dans les manuels spécialisés "le charme du psychopathe" s'inscrit toujours au passif de sa conduite, car il est mis sur le compte de ses visées destructrices. Pourquoi ne pas envisager aussi qu'il puisse être la conséquence directe de qualités humaines réelles et méconnues ? Nous sommes accoutumés, sans en être choqués, de prendre en compte l'ambivalence idéique et affective du schizophrène. Nous pensons qu'il faut traiter de même l'ambivalence thymique du psychopathe. En littérature, Mister Hyde est le double maléfique du Docteur Jekyll.

Abraham a su reconnaître les dons remarquables de "N." qui « se manifestèrent dès sa scolarité, à condition toutefois qu'il se sentît l'objet particulier de l'attention ou de la faveur de ses maîtres ».

Pierre G. et Rocky furent aussi de bons élèves, avec les rares professeurs qu'ils estimèrent. Leurs résultats en pâtirent, pas leurs ambitions. Ils se retrouvèrent tôt ou tard dans des maisons d'éducation. Les directeurs de ces établissements reconnurent les

---

(1) L'histoire du Chevalier d'Industrie, à la lumière de la psychanalyse, est le dernier article qu'Abraham remit vivant à son éditeur, à Noël 1925. Curieusement, le seul article de Freud sur le sujet, *Personnages psychopathiques sur la scène,* fut rédigé juste avant sa mort. Il est resté inédit en français jusqu'en 1974, puis repris dans *Résultats - Idées - Problèmes,* PUF, 1984.

(2) Comment ne pas évoquer ici le Divin Marquis qui envoûtait les directeurs de ses geôles pour mieux pervertir ensuite leurs épouses. Ou plus récemment, Jacques Mesrine, qui offrait le champagne et félicitait les inspecteurs qui avaient eu l'audace et la chance de l'arrêter.

capacités pratiques de l'un, l'intelligence de l'autre ou les dons artistiques du troisième. Ce ne fut pas le cas de la société du temps qui eut à les juger. Pourtant, la transformation inespérée de "N." en un chef d'entreprise honnête et compétent, comme l'examen de la lettre de Rocky "spécialiste du contrat à la recherche de son graal" ne permettent pas de douter de :

- La présence d'une sensibilité réelle à l'autre chez le psychopathe, qui se manifeste en particulier par son souci d'aider les générations futures de jeunes délinquants à ne pas se maintenir en cette voie.
- L'existence d'une culpabilité importante qui contredit radicalement la théorie classique du psychopathe qui en serait indemne[1]. Cette culpabilité ne s'attache pas à l'acte criminel, mais s'exprime en relation à ceux qui lui ont apporté dans sa vie quelque chose qu'il juge positif.
- L'évidence d'une générosité incontestable et l'importance de liens de solidarité. Un pan entier de conduites psychopathiques ne peut être compris si l'on refuse d'admettre leurs aspirations à la générosité et à l'héroïsme. Comment rendre intelligible autrement les folles tentatives (qui le mirent souvent en danger) de Jacques Mesrine évadé, dans son combat contre les quartiers de haute sécurité, et comprendre "l'acharnement thérapeutique" de Mac Murphy qui lui coûtera la vie, à vouloir sortir de l'hôpital psychiatrique ses compagnons d'infortune ?

Reconnaître cette dualité du psychopathe, être à la fois généreux, sensible, artiste, parfois créatif, mais aussi possessif, envieux, cruel et haineux, permet alors d'éclaircir les innombrables contradictions qui apparaissent dans les dires de ceux qui s'en occupent. La fascination qu'il exerce souvent sur ceux qui prétendent le soigner est un danger redoutable que nous aurons maintes fois l'occasion d'illustrer et de dénoncer dans cet ouvrage. Toutefois, la répulsion qu'il inspire au plus grand nombre, à commencer par Freud, qui ne s'en cachait pas[2], risque de nuire à la nécessaire objectivité de ceux qui cherchent à l'étudier. Comprendre le psychopathe n'implique ni de faire le plaidoyer du criminel, ni l'éloge du crime.

(1) Cf. article de Freud : « Le criminel par sentiment de culpabilité », in *Essais de psychanalyse appliquée.*

(2) « C'est peu dire qu'une personnalité psychopathique n'intéressait guère Freud, elle lui faisait même horreur » : Pontalis, *Aux limites de l'analysable*, Nouvelle revue de psychanalyse, n° 10.

L'APPORT DE LA THÉORIE PSYCHANALYTIQUE

Quels que soient les auteurs et les interprétations qu'ils proposent, tous s'accordent à reconnaître que la psychopathie signe une pathologie du Narcissisme. En ce qui concerne le "Chevalier d'industrie", Abraham estime qu'il s'agit d'un trouble de la relation œdipienne. L'issue favorable du conflit exige que cette situation soit « avant tout une source de plaisir réel ou fantasmé. Mais l'enfant apprend à renoncer progressivement à la majeure partie des désirs qui s'y rattachent lorsqu'une certaine mesure limitée de plaisir lui est accordée. (...) Si toute satisfaction de ce genre est totalement interdite, une évolution favorable du complexe d'Œdipe n'aura pas lieu, et toute la libido refluera sur le moi[1]. »

Mais la plupart des travaux psychanalytiques sur la psychopathie, notamment ceux d'Aichorn, de Mélanie Klein et de ses élèves, ainsi que la recherche de Winnicott et les investigations inspirées par l'œuvre de Spitz, mettent l'accent sur la précocité et la réalité des traumatismes vécus dans la première enfance : carence, frustration, agression. Nous insisterons, quant à nous, sur le rôle de la perception d'une violence agie sans frein, voire d'une potentialité meurtrière du couple parental, de la mère ou de son substitut, dont le sujet dès le plus jeune âge a pu être témoin et/ou victime. Nous soulignerons aussi l'existence d'une fréquente incohérence de la manière dont ces sujets sont investis par les adultes de référence, notamment leur mère : le rejet le plus massif s'assortissant de moments d'élation extraordinaire, où l'enfant n'est pas davantage à sa place[2]. Il ne lui reste qu'à en choir aussi vite et à reprendre un mouvement d'oscillation, dans lequel il aura de grandes difficultés à se repérer et à s'identifier.

Pris dans ce rythme pendulaire, privé du minimum de sécurité affective qui lui permettrait d'inventer à son tour le "jeu de la bobine", d'intégrer la dimension de la temporalité et la nature transitoire des frustrations, il reste incapable de différer la satisfaction, dès lors que surgit un désir, ressenti de manière obligée comme un besoin. L'agir devient le seul mode de réponse adéquat à décharger la tension contenue dans le sujet, en même temps que

---

(1) Abraham, *Œuvres complètes,* tome 2, Payot, 1973.

(2) Nous aurons l'occasion de développer cet aspect en relatant plusieurs cas cliniques.

s'instaure un formidable appétit de jouissance, une revendication d'exclusivité et de fusion dans la relation à autrui, où on ne sait si le désir d'être comblé l'emporte sur celui de combler[1].

Dans ce registre relationnel, il importe de ne pas sous-estimer la violence potentielle des réactions de dépit lors des inévitables déceptions endurées, ce qui doit rendre particulièrement prudente toute démarche thérapeutique. Car prendre en considération la face altruiste du délinquant, celle par laquelle il tente de réparer sa blessure narcissique et d'ouvrir la voie d'un rapport à l'Autre, constitue, comme nous le verrons au chapitre 5, **le préalable indispensable à tout traitement de la psychopathie** ; mais oublier le rictus glacé du visage d'Alex, le héros d'*Orange mécanique,* serait tout aussi dangereux pour lui que pour nous. Le psychopathe, comme Janus, a deux visages ; on ne saurait les dissocier sans tuer ce qui fait sa spécificité.

(1) Reste l'énigme du choix de la voie psychopathique plutôt que celle de la psychose ou l'élaboration (en dépit des difficultés rencontrées) d'un compromis névrotique, problème sur lesquels nous reviendrons dans le chapitre 4.

3

Les relations amoureuses des psychopathes

« Et quand il veut serrer son bonheur
il le broie
Sa vie est un étrange et douloureux divorce
Il n'y a pas d'amour heureux. »
Louis Aragon

Le dénouement favorable des pérégrinations du Chevalier d'Industrie après son mariage, ainsi que les déclarations passionnées de Rocky sur sa fille ne nous ramènent-elles pas aux intuitions du bon sens populaire, à la philosophie des marieuses de la littérature du siècle dernier (notamment juive et russe), tout simplement à la sagesse de nos grands-mères ? Autrement dit, pourquoi mettre en œuvre des thérapeutiques sophistiquées et coûteuses, alors qu'il suffit de laisser agir "l'amour médecin" ?

Les candidatures ne manquent pas ? Il n'est pour s'en persuader que de relire les mémoires de Mesrine et les biographies écrites à son sujet. Figure de légende dans le Milieu, il a suscité l'attachement passionné de l'ingénue, la prostituée ou la femme gangster : chacune a tenté de le sauver, le servir ou partager son propre destin. La déception, voire les sévices, la prison, les coups de feu, la mort enfin ont été au rendez-vous. Peut-on cependant affirmer que c'était faute d'amour partagé ? En dépit, ou à cause du ton mélodramatique de l'auteur, l'hommage de Mesrine à Soledad, sa deuxième épouse, la mère de sa fille, ou à Jane, sa compagne de forfaits du Canada, est d'une facture authentique. Quant à son testament, retrouvé juste après sa mort, dans la perquisition de son dernier domicile, cassette enregistrée pour Sylvia, l'amie ultime qui faillit partager son destin, il contient tous les termes romantiques et chevaleresques dont peut rêver n'importe quelle jeune fille. Elle n'en avait pas moins expérimenté, comme les autres, la face noire du personnage, ses injures, sa violence et son mépris de tout ce qui n'était pas lui.

Sans doute nous rétorquera-t-on que Mesrine est un cas singulier par sa stature de héros maléfique, acquise en une carrière exceptionnelle : il n'est pas donné à n'importe qui de devenir "l'ennemi public numéro un" de deux continents ! Cela expliquerait des attachements et des dévouements héroïques, loin de ceux auxquels peuvent prétendre les psychopathes ordinaires. Pourtant, le spectateur impartial d'une file d'attente à la porte d'une prison, à l'heure des visites des familles, risque de sentir vaciller ses convictions les mieux établies, s'il surprend quelques propos, ou mieux recueille des confidences.

Par exemple, il peut voir une jeune femme en pleurs repartir vers l'autobus après moins d'une minute de conversation, éconduite pour n'avoir pas obtenu un document de l'avocat, ou une réponse du juge d'application des peines. Un peu plus tard, au contraire, il entendra une autre se réjouir des bonnes dispositions de son détenu du seul fait qu'il ait songé à accuser réception du dernier mandat reçu, sans les reproches habituels sur le montant jugé trop modique de la somme.

Enfin, peut-être une troisième exprimera-t-elle écœurement et rebellion devant les prétentions de son ancien ami, exigeant qu'elle prenne un mois de congé sans solde pour réunir les éléments nécessaires à l'obtention de sa libération conditionnelle (logement en province et promesse d'embauche). Mais aura-t-elle envie de révéler ce qu'elle me dira, perplexe à notre rencontre suivante : « Il semble aussi surpris que moi de mes réactions à son attitude. Il ne peut pas savoir, et je ne l'avais pas compris non plus, qu'il n'a jamais été pour moi une personne mais des instants et une relation très forte ou rien. Ce qui me surprend aujourd'hui, c'est d'avoir ressenti ce vide en sa présence. Je ne sais que dire, si ce n'est l'absence d'envie de poursuivre quoi que ce soit avec lui, et malgré tout, peut-être, le besoin de continuer !... »

Le dévouement inlassable des femmes de prisonniers politiques ainsi que les manifestations des "Folles de Mai" ou des "Veuves de Beyrouth" rencontrent l'adhésion, la compréhension et le soutien d'un très large public. L'oblativité des conjoints de condamnés de droit commun semble en revanche au-delà des limites du bon sens. La plupart des gens refusent de la reconnaître ou lui imputent des motifs fondés sur la seule terreur inspirée par le criminel, du fait de possibles représailles. La réalité est infiniment plus complexe tant dans l'univers carcéral que dans le monde des loubards ; et ce serait une erreur de penser que ce rôle de victime est l'apanage des femmes.

Car le psychopathe est fascinant, qu'il inspire haine ou amour, il ne laisse pas plus indifférent ceux qui le connaissent qu'un héros tragique de film ou de roman. Le plus grand nombre de ceux concernés par une telle rencontre a la sagesse de l'éviter ou la raison d'investir ailleurs. D'autres vont se laisser entraîner dans la spirale sans fin d'une impossible relation fusionnelle, censée abolir le temps ou les limites des êtres, et réparer ainsi les blessures narcissiques anciennes, mirage mégalomaniaque qui débouche inéluctablement sur une inassumable déception, souvent source de mort : suicide du sujet ou de sa partenaire, décès apparemment fortuit d'overdose ou maladie létale. Quelques-uns sauront se déprendre au prix d'un lourd tribut de perte d'illusions. Exceptionnels sont ceux qui vivront une relation réciproque, sans doute faut-il pour ce faire qu'il y ait une issue hors de l'univers psychopathique.

Sommes-nous en mesure d'avoir une idée de la nature des liens amoureux des psychopathes ? Cette question peut paraître de prime abord outrecuidante : de quel lieu prétendons-nous parler et au nom de qui ? Disons tout de suite que les confidences reçues ont été celles des uns et des autres, et que leurs passions impossibles et désespérées nous ont contraints de nous interroger sur cette relation d'objet paradoxale où Thanatos prend le masque d'Éros.

La scène où Guillaume et Morgane, Ghislaine et Ludovic, Viviane et Gérald donnent leur version du *Bal des Maudits,* appartient à l'univers tragique au même titre que le théâtre d'Eschyle, de Sophocle ou de Claudel, car les malheurs des partenaires de ces drames sont de nature à exciter l'horreur et la pitié. Ils vivent des conflits intérieurs qui rappellent ceux que rencontrent les héros de tragédie, lorsqu'ils prennent douloureusement conscience d'un destin ou d'une fatalité qui pèse sur leur vie, leur nature ou leur condition même[1]. Passion, destin et mort sont au cœur de l'univers tragique de même qu'ils tissent la toile de fond des amours des psychopathes ; c'est sans doute pourquoi bien souvent la mort est au rendez-vous. Laissons à la clinique le soin de nous aider à saisir les mécanismes mis en jeu par les protagonistes de ces relations impossibles. Au-delà des impasses relationnelles qu'elles révèlent à l'évidence, peut-être pourront-elles nous faire percevoir les ressorts de choix et d'attitudes apparemment paradoxales, et nous éclaircir certains aspects méconnus de la personnalité de ces partenaires.

---

(1) Selon la définition du *Petit Robert.*

GUILLAUME OU LA QUÊTE DES DEUX DAMES BLANCHES

De cette aventure, Morgane est l'héroïne dont Guillaume s'est voulu le chevalier servant. Rien ne semblait destiner cette adolescente à une carrière psychopathique. On aurait plutôt songé que les bonnes fées des contes s'étaient réunies autour de son berceau avec les dons d'Amour et de Fortune.

Les grands-parents paternels de Morgane avaient créé à l'aube du XXe siècle une chaîne de magasins de prêt-à-porter qui avait rapidement connu un bel essor dans l'hexagone, puis un renom certain en Europe. Lionel, leur fils cadet, fut depuis l'enfance choyé par sa mère, admiré à l'adolescence par un père qui lui enviait secrètement ses succès féminins, son esprit de répartie et ses insolences qu'il excusait toujours, même lorsqu'elles se soldaient par un renvoi d'établissement scolaire. Les parents, d'ailleurs, n'avaient nulle inquiétude sur l'avenir professionnel de leur fils. Persuadés de son incontestable intelligence, ils savaient que Lionel n'aurait aucune difficulté à occuper un poste de responsabilité dans une des succursales de la firme. A défaut, on avait les moyens de l'établir ailleurs. Tout réussissait au jeune homme, comme si les lois de la dure réalité ne le concernaient pas. Il en alla de même des premières années de son idylle avec Jehanne.

Issue d'un milieu bourgeois équivalent, rencontrée dans les hasards programmés des rallyes[1], elle avait un minois ravissant, beaucoup de charme, avec un rien de tristesse et de sérieux. Lionel en tomba éperdument amoureux, au grand soulagement de sa famille, qui voyait en Jehanne un parti convenable, alors que les frasques du garçon avaient un temps inquiété ses proches. Le mariage fut hâté par une grossesse (inopportune ?), la naissance de Morgane fêtée (semble-t-il) dans l'allégresse générale.

Seize ans plus tard, alarmée par son comportement toxicomaniaque et délinquant, une amie persuada Jehanne d'envoyer Morgane à la Sablière !...

Nous avons tout d'abord pensé à la réaction d'affolement d'un entourage rigide face à une crise d'adolescence banale, et nous nous attendions à rencontrer une petite bourgeoise en mal de

(1) Groupe de jeunes gens organisant chacun leur tour une soirée dansante au domicile de l'un d'entre eux, sous le regard bienveillant des parents.

sensations fortes, flirtant avec la transgression par la ''fumette'' du samedi soir ou la ''fauche'' de quelques disques au supermarché. De plus, le tracas de la mère semblait surtout motivé par le refus récent de Morgane de poursuivre ses études. Elle venait de découvrir sa vocation d'artiste : maquilleuse de scène, le théâtre choisi étant, bien entendu, le forum des Halles.

En fait, sous le vernis d'une présentation bon chic bon genre, Morgane nous inquiéta dès le premier entretien, par la véhémence de ses propos, l'intensité de ses rancœurs domestiques et surtout sa violence (mal) contenue. Dédaignée à son baptême, Carabosse prenait-elle aujourd'hui sa revanche ?

Pourtant, au téléphone, Jehanne m'avait tenu les propos lénifiants et compréhensifs d'une mère informée des problèmes psychologiques de l'adolescence. Elle affirmait que Morgane avait été une enfant choyée, en dépit des multiples absences liées à sa vie professionnelle. Son expérience lui avait donné le souci, à travers son divorce et son existence agitée, de tenir sa fille éloignée des préoccupations de sa vie privée : car, après la séparation survenue très tôt de ses parents, mère et grand-mère traitaient son propre père « d'ignoble individu » à qui on reprochait ses rares visites ainsi que les manifestations réciproques d'affection constatées à ces occasions.

Elle ajoutait : « J'ai toujours voulu excuser Lionel pour que sa fille l'aime. J'ai peut-être exagéré en ce sens, car j'ai été positivement abasourdie le jour où Morgane m'a dit : « Mais enfin, Maman, comment as-tu pu divorcer d'un type aussi formidable que papa ? » Ce jour-là, j'ai rétabli la vérité, il a bien fallu démolir l'idole. Elle était en âge de savoir et je ne supportais pas que ce soit moi, qui l'avait si souvent mis sur un piédestal, qu'elle juge mal. J'avais souhaité que notre divorce ne fût pas une bataille et pourtant, la guerre, chaude ou froide, a fini par s'installer. »

A son insu, Morgane a été l'enfant de ce combat, mais aussi l'enjeu de conflits d'adultes qu'elle ne comprenait pas. Ce qu'elle en dit, c'est d'avoir été souvent l'objet de coups ou de tentatives de séduction sexuelles de la part d'hommes qui entouraient sa mère (amants, amis de passage ou simples relations), fascinée et horrifiée par les horizons que lui offraient de telles relations.

La fascination, l'horreur, le désir d'annuler tout ce qui la gêne dans l'existence, la sensation grisante d'être plus forte que les adultes qui l'entourent, le sentiment d'impunité, Morgane va les concrétiser avec la drogue. Une fois de plus, tout sembla très bien, trop bien commencer. Initiée par une cousine plus âgée aux paradis artificiels (elle avouait l'herbe mais il s'agit très vite de la poudre), elle organisa dans sa chambre des soirées haschich auxquelles participaient non seulement ses copains mais aussi sa mère et quelques amis "in" dans une chaude ambiance conviviale, toutes barrières abolies entre les participants.

Les choses se gâtèrent un peu plus tard, dès qu'il fut évident qu'on ne peut pas longtemps rester *soft* avec la "dope" lorsqu'on est réellement pris dans le circuit. Les *drug-parties* familiales n'étaient que la fraction visible de l'iceberg, d'autres pratiques avaient lieu en cachette, plus vulgaires (colle, solvants...), plus dangereuses (cocaïne, héroïne). Il fallut à la mère cette découverte pour faire appel à un service spécialisé. Personne ne savait au demeurant à quel point déjà Morgane était prise dans l'engrenage des dealers, Jehanne n'ayant jamais pris au sérieux les quelques coups de téléphone d'injures ou de menaces reçus à son domicile.

Dès lors, tout se précipita ; la prise de conscience familiale se fit sous forme d'ultimatum qui aboutit à la rupture. Sommée de choisir entre ses amis et son milieu d'origine, Morgane se mit à galérer pour de bon. Elle quitta le XVIe arrondissement, emportant au passage quelques objets de valeur négociables et l'argent liquide qu'elle avait pu dénicher. La suivre dans son errance tenait de la gageure ; toutefois, elle faisait signe quand elle se sentait coincée dans quelque situation impossible.

Ce fut notamment le cas lors de son interpellation au sujet d'une agression raciste dont elle avait été le témoin durant un séjour prétendûment écologiste dans le Midi. Ses copains de l'époque étaient écroués sous l'inculpation de « coups et blessures ayant provoqué la mort sans intention de la donner », le juge d'instruction se posait la question de sa complicité.

Paniquée, Morgane arguait de sa condition de mineure pour se soustraire aux convocations du magistrat, sans se rendre compte qu'il avait les moyens de l'y contraindre. Après avoir reçu chez sa mère plusieurs lettres recommandées du Parquet, elle arriva au service, un matin de septembre, avec pour la première fois une demande personnelle : qu'on l'accompagne chez le juge.

Ce voyage à Avignon fut l'occasion de plusieurs heures consécutives d'échanges. Ce jour-là Morgane me parla longuement (librement ?). Son indifférence affective concernant les quelques "bicots" laissés pour morts dans le règlement de comptes de juillet me parut terrifiante, d'autant qu'un adolescent y avait perdu la vie. De remords ou de culpabilité, nulle trace : « Ils n'avaient qu'à ne pas se trouver là » ; aucun besoin non plus de justifier l'agression. Morgane se sentait en plein accord avec l'action violente de ses copains "motards" tout en restant incapable d'expliquer leur motivation. De toute évidence, cet acte gratuit avait été pour eux l'occasion d'éprouver un plaisir intense. En cette heure de sincérité, Morgane ne pouvait m'en dire davantage, si ce n'est qu'elle n'avait pas eu l'impression d'assouvir une vengeance.

Au retour, elle se refusa à tout commentaire sur sa déposition pleine de contradictions, mais fut en revanche particulièrement diserte sur le roman policier noir qu'elle était en train de lire. Il s'agissait d'une série *Horreur,* avec meurtres et suspense sur fond de pornographie. Manifestement, le rôle du héros criminel, violeur, sadique (qu'elle percevait tendre au fond) la fascinait. Dans ce contexte, elle me parla des hommes. Subjuguée par les "durs", elle avait pourtant à leur égard un réflexe de défiance, depuis qu'elle s'était fait casser le bras par un ami "macho" (qu'elle ne se privait pas d'idéaliser). En l'écoutant parler des uns (les "mecs") et des autres (les "caves"), je ne pus m'empêcher de penser que Morgane réécrivait à sa manière la dialectique du Maître et de l'Esclave.

Le dialogue ébauché pendant ce voyage fut sans lendemain. Lui succéda un discours conformiste, célébrant les mérites de son dernier chevalier servant : Guillaume. Le portrait idyllique qu'elle nous en fit nous laissa de prime abord fort sceptiques. Tant d'autres, à l'en croire, avaient nourri une passion romantique à son égard, et s'étaient dans la réalité comportés en simples profiteurs, la rejetant dès qu'ils n'avaient plus aucun bénéfice matériel à attendre de sa compagnie.

Or, l'avenir nous prouva que tel n'était pas le cas de Guillaume, bien qu'il fût très engagé dans la déviance, ses crises de désintoxication à Fernand Widal ne se comptant plus. Expert en toutes sortes de drogues, il pouvait rendre à Morgane des points sur ce terrain. Le contrat semblait posé entre partenaires de même trempe. De surcroît, Guillaume avait sur Morgane l'ascendant de celui qui a de l'argent. En l'occurrence, il ne s'agissait pas du produit de hold-up, mais du fruit de l'héritage paternel. Guillaume pouvait en toute légalité dépenser encore quelques "bâtons". Il était prêt d'ailleurs à "flamber" pour Morgane, à subvenir à ses besoins, quelque hyperboliques qu'ils fussent, en "poudres" de toute sorte ("héro" ou "coke") dont on connaît le prix.

En dépit de cela, rapidement lassée de l'attachement de ''toutou'' de Guillaume, Morgane reprit seule le chemin de la gare du Nord et du Forum. Elle ne tarda pas à payer sa came du prix du viol. Ce jour-là, elle voulut rejoindre Guillaume, mais il était une fois de plus à l'hôpital (pour overdose ou tentative de suicide ?). En désespoir de cause, elle se tourna vers sa mère, qui l'accueillit le temps d'un week-end, pas plus... Jehanne était en train de refaire sa vie avec un notable, veuf, chargé de famille. Il était alors hors de question de trouver une place dans ce nouveau milieu à une adolescente dont l'apparence seule, vêture, coiffure et surtout tatouages, était une provocation, redoublée dès qu'elle ouvrait la bouche de proclamations d'inconduite et de revendications du droit de tout un chacun d'obtenir par n'importe quel procédé les moyens de vivre à sa guise, c'est-à-dire au gré de son seul plaisir et sans la moindre limitation.

Apparemment résignée à partir, lestée d'une somme d'argent conséquente, Morgane quitta le nouveau foyer de sa mère un dimanche soir. Le lendemain matin à dix heures, complètement ivre (au Ricard pur...), elle agressait au couteau une jeune fille de quinze ans dont elle convoitait le blouson. Prise en flagrant délit, elle allait purger plusieurs mois de détention à Fleury-Mérogis.

Lorsque je lui rendis visite en prison, Morgane reprit sans le moindre hiatus notre conversation du voyage de retour d'Avignon en TGV, nulle mention ou même allusion aux graves événements survenus dans l'intervalle qui avait abouti à son incarcération. Elle mit de nouveau en scène ce roman mi-épique, mi-noir qu'elle avait dans la tête et dont elle cherchait le héros.

La déception ressentie vis-à-vis de sa mère, le manque qui la taraudait, la réalité des faits qui l'avait conduite en prison, tout autant que le risque de récidive à la sortie en raison de sa fascination de la marginalité et de la drogue, Morgane ne les aborda pas. Mes propositions thérapeutiques bien intentionnées, elle les refusa, ainsi que nos offres de service : j'étais persuadée qu'il lui fallait quitter Paris, elle avait la certitude inverse, sûre de régler au mieux les problèmes qu'elle rencontrerait dehors. Rien ne m'a jamais autant étonnée que l'assurance de leur bon droit et le sentiment d'invulnérabilité des psychopathes, quelque évident que soit le démenti des faits.

Je n'aurais pas dû sous-estimer que la réclusion risquait d'exacerber chez Morgane sa propension à l'embellissement du passé, qui la conduisit à écrire à Guillaume plusieurs lettres passionnées, témoins de la nostalgie de leur commune fréquentation des paradis artificiels, et de l'idéalisation rétrospective de leur relation. Guillaume, juste sorti de Fernand Widal, prenait une certaine distance à son égard et nous avait demandé un rendez-vous pour se conforter dans cette décision. Je l'ai ainsi vu à plusieurs reprises, et il m'a longuement parlé de lui. Il a souvent aussi rencontré l'éducatrice de Morgane.

Fils unique, idolâtré par sa mère qui avait toujours voulu reculer pour lui les limites du déplaisir, lui épargner l'effort et la frustration, Guillaume avait été un enfant morose et un adolescent blasé. Il avait l'impression de ne jamais avoir eu le temps, ni surtout le droit de désirer quoi que ce soit avant que sa mère ne lui fournisse l'objet convoité. Il ne se rappelait pas avoir subi la moindre sanction maternelle. De son père, il n'avait nul souvenir, il était pourtant mort après ses sept ans, l'âge de raison ! A l'adolescence, Guillaume n'avait pu partager son spleen et ses rêves avec des confidents de son âge, obligé qu'il se sentait de tout rapporter à sa mère ou de n'en parler à personne. Il était donc resté solitaire. La bienveillance maternelle était si accablante que même le recours aux toxiques n'avaient su la déjouer. L'héritage de son père, la complicité de sa mère, lui permirent d'entrer en spectateur dans le monde des toxicomanes, d'être en somme un marginal de la marge, sans qu'il ait besoin de se salir les mains dans la prostitution ou la délinquance, puisqu'il payait le prix par procuration.

Dès leurs premières rencontres, Morgane représenta l'achèvement de ce qu'il aurait voulu réaliser : la rupture avec le milieu bourgeois, l'assomption de la déviance, la prolongation indéfinie de la lune de miel avec la drogue. Très vite, le caractère instable de Morgane se chargea de rappeler Guillaume aux dures réalités. "Jeté" à plusieurs reprises, il trouva asile à l'hôpital, puis refuge près de sa mère qui tenta de faire écran entre Morgane et lui. Ainsi ne put-elle le rejoindre, juste avant son incarcération. Mais, plus tard, le courrier finit par arriver à son destinataire avec cette auréole que confère la prison. Nul doute, au demeurant, que Morgane exprimât une émotion authentique : « Pourquoi me quittes-tu pour la Dame blanche, comme si elle n'était qu'à toi ? Moi, je peux de te la donner et nous serons ensemble avec elle. Ce n'est pas seulement ta Dame, c'est la mienne et la nôtre. Tu ne peux me trahir avec elle, qui est moi, qui veux tout partager avec toi. »

Au reçu de cette lettre, Guillaume demande et obtient un permis de visite. Le jour du procès, il est à côté de moi dans la salle d'audience et Morgane n'a d'yeux que pour lui, ce qui choque famille et défenseurs. Guillaume devient un client assidu du service, soucieux qu'il est de réaliser conjointement le sauvetage de Morgane et la réalisation de leurs désirs communs de plaisir dans la transgression. Il nous sera totalement impossible de lui faire prendre conscience de l'antinomie de ces deux projets. La sanction de la réalité ne veut rien dire pour Guillaume : il confond tragiquement la bonne volonté et la volonté bonne ; il a oublié les vicissitudes passées de leur relation de couple. Il attend Morgane à la porte de la prison le jour de sa sortie, et tous deux célèbrent l'événement par une "défonce extra".

Le réveil est dur. Morgane n'a pas changé, Guillaume est désemparé. Inquiète, et se sentant dépassée par la situation, la mère de Guillaume, pour la première fois de sa vie, lui coupe les vivres. La quête de la Dame blanche sort de sa phase poétique. Les aléas matériels, les conflits et les heurts de la vie dc couple prennent le pas sur l'idéalisation précédente. Une fois de plus, Morgane part. Guillaume la recherche comme un fou, affronte sa mère, exige l'argent de la réconciliation ; elle cède. Ainsi le retour de Morgane est-il une fête où ne manquent ni la came ni l'alcool... Le couple cependant n'effectuera pas le même "voyage". Sans doute est-elle "partie" avant lui. Il l'a probablement étendue précautionneusement dans leur chambre, mais ne l'a pas rejointe en une défonce commune. Tant de fois auparavant elle lui avait échappé !... Cette nuit-là, c'est lui qui va "se faire la belle" sans même qu'elle s'en aperçoive. Au matin, Morgane avait près d'elle le cadavre de Guillaume, la tête éclatée d'une balle de 22 long rifle.

Quelques heures plus tard, curieusement impassible, Morgane semblait ne rien comprendre, comme si l'horreur entrevue avait glissé sur elle sans l'atteindre ; mais il était important qu'elle me dise être l'héritière de Guillaume. Je pense qu'au-delà des quelques biens qu'il lui a légués, il a fait d'elle la destinataire de son testament, à savoir le dépositaire de l'objet de sa quête insensée d'amour fusionné des deux Dames blanches.

Que dire dans l'après-coup de ces deux partenaires, de leur relation et de sa conclusion tragique ? Morgane, toujours asservie à la drogue, n'a cessé, depuis la disparition de Guillaume, de vivre dans la marginalité, aux confins de la délinquance et de la prison. Elle a ainsi confirmé son inscription dans la carrière psychopathique, embrassée dès le début de son adolescence, où la recherche du plaisir et l'appétit de jouissance ont pris le pas sur tout le reste, et dont l'expression privilégiée fut sa toxicomanie.

Sans reprendre l'énumération fastidieuse de ses conduites transgressives et de ses fugues, nous affirmons qu'elle fait partie de ceux « pour qui la forme quasi-exclusive de toute tension psychique se fait sous forme de passage à l'acte délinquant[1] qui, en situation de stress, ne peuvent avoir recours à l'élaboration mentale, enfin de ceux pour qui l'agir tient lieu de langage. Il ne fait aucun doute à nos yeux que Morgane soit psychopathe. En attestent son absence de remords et l'insensibilité dont elle fait preuve après ses délits, voire même l'exaltation qui les accompagne comme s'il s'agissait de l'assouvissement d'une vengeance.

Son histoire peut-elle nous faire comprendre comment elle en est arrivée là ? Depuis son enfance, Morgane fut mystifiée par un discours qui lui permit d'idéaliser son père jusqu'au moment où le dépit maternel fit son œuvre. Son éducation, dès les premières années, relève de l'incohérence, entre les périodes d'abandon de fait qu'elle connut et les temps de présence maternelle, où coexistaient de manière hallucinante des moments affectifs intenses, pour ne pas dire fusionnels, et des phases répressives sadiques. J'en eus la preuve lors d'une visite à domicile où je trouvais Morgane blottie comme un bébé dans les bras de sa mère. Gênée par le caractère intime de cette scène, je parcourus la pièce des yeux ; Jehanne me dit : « Vous regardez ma cravache, je l'ai depuis vingt ans ; elle m'a d'abord servi pour les chiens, puis pour les enfants. »

L'aspect régressif de Morgane, son besoin de tendresse constituent d'ailleurs un des ressorts de sa toxicomanie. Elle fit un jour cette confidence : « Tu sais, quand je suis sous dope, ce que j'aime, c'est me mettre devant un grand miroir. J'y vois souvent une Morgane toute petite, je lui parle doucement, nous sommes très bien toutes les deux ensemble. D'autres fois, je grandis et j'habite toute la pièce. » Comme la fiole d'Alice, la came ouvre donc *Le pays des merveilles.* La prise de toxiques, la modification de l'image spéculaire qu'elle entraîne, met en scène un personnage double, totalement satisfaisant. Ainsi Morgane réalise-t-elle

(1) Serge Lebovici, René Diatkine, Michel Soulé, *Traité de psychiatrie de l'enfant et de l'adolescent,* PUF, 1985.

à son gré son désir d'impossible fusion à la mère archaïque toute-puissante. Il n'y a pas place ici pour un terme tiers, seule existe la fascination qui joue un rôle capital dans la vie de la jeune fille.

Dans ses relations à autrui, elle fut souvent hypnotisée par plus psychopathe qu'elle, ainsi les motards d'Avignon lui permirent-ils de goûter le plaisir d'un acte meurtrier gratuit. Dans la vie amoureuse, malgré quelques sursauts, elle se situa toujours en position masochiste, reçut des coups et se fit régulièrement rejeter. Déçue après chaque défaite, elle ne renonçait pas pour autant à son rêve utopique de bonheur et croyait toujours, quel que fût le démenti des faits, au retour imminent de celui qui venait de la laisser tomber. En même temps, il lui arrivait d'être aussitôt subjuguée par un autre, pour peu qu'il sût s'imposer dans son univers, comme support de son besoin affectif et leurre de son désir de fusion ; ceci d'autant plus facilement que lui était intolérable la solitude, qui la laissait totalement désemparée. Dans un tel contexte, elle rencontra Guillaume, la fascination fonctionna en sens inverse, la relation sado-masochiste aussi ; seule leur fut commune l'addiction à la drogue et l'idéalisation réciproque dans l'absence.

Tout autant que Morgane, Guillaume est asservi au principe de plaisir, ne supporte ni l'attente ni la morsure du manque. En revanche, il n'a jamais eu recours au passage à l'acte délinquant et n'agit ses pulsions destructrices que sur lui-même, ainsi qu'en attestent ses nombreux passages en réanimation pour overdoses. Chroniquement déprimé, il exprime parfois sa douleur morale lors d'hospitalisations et formule alors des demandes urgentes de psychothérapie qu'il fut toujours incapable de soutenir. Son appel à Morgane fut tout aussi impulsif, pressant et impérieux : « J'ai besoin de toi, si tu m'acceptes, je ferai tout pour toi. » Elle prit sa déclaration au pied de la lettre, d'où sa désillusion devant l'impuissance de Guillaume à combler son manque, à suturer sa faille narcissique. Il ne restait à Morgane qu'à partir, ce qui fit retrouver à Guillaume le chemin de l'hôpital, puisque s'effondrait avec le départ de l'autre le rempart ultime contre la pulsion destructrice qui menace d'emporter le sujet.

Il y a quelques années[(1)], la tonalité de la souffrance psychique, le mode d'investissement d'objet, les particularités de l'histoire et

---

(1) J.-P. Chartier, *La vie, rien devant soi.* Essai sur la dépression anaclitique de l'adulte, in *Topique* n° 30, 30 décembre 1982.

les vicissitudes des cures de certains patients nous ont conduits à envisager l'existence, chez l'adulte, d'un syndrome dépressif anaclitique souvent révélé par l'impasse terrifiante de relations amoureuses et caractérisé par le risque de passages à l'acte autoagressif, lié à l'intolérable d'une situation émotionnelle actuelle. En effet, compte tenu de l'âge, l'analogie avec le tableau d'abandonisme décrit par Spitz, à partir de l'observation de cent vingt-trois enfants séparés de leur mère et privés de soutien humain satisfaisant, est frappante.

Serait, selon nous, atteint de dépression anaclitique de l'adulte un patient dépressif grave, ni mélancolique ni simplement névrotique, au contact étrange, inquiétant, évoquant faussement la folie, dont la demande d'aide urgente et désespérée fait redouter à bon droit un danger de mort. Sa détresse actuelle est liée à la perte récente d'un objet investi sur un mode passionnel et se manifeste par des comportements abandoniques régressifs. Sa démarche thérapeutique est ambivalente, car s'il exige bonté, compréhension et protection, il est conjointement persuadé qu'aucun secours n'est possible. Lorsque Guillaume vint pour la première fois au service, il correspondait trait pour trait à ce tableau.

La trajectoire de ces sujets n'est pas sans analogie avec le parcours des psychopathes. A l'origine de ces états, on retrouve au premier chef le traumatisme de l'abandon et du manque de soins dans la première enfance. Une dépression maternelle grave, à la même époque, peut jouer un rôle étiologique équivalent. La tristesse qui obnubile et rend indisponible une mère plongée dans une douleur insensée pour son enfant, entraîne une carence affective comparable à celle infligée par la séparation. L'angoisse, la détresse et la mort que véhicule la mère déprimée sabrent définitivement toute confiance en soi. Pour l'enfant dont la mère a été une morte vivante, la vie risque fort de n'avoir ni sens ni valeur. Enfin, il est des cas où se produit le même tableau clinique sans qu'il y ait eu séparation précoce ou désinvestissement, où l'on retrouve, à l'inverse, l'existence patente d'une surprotection : l'enfant, confronté à des parents extrêmement narcissiques, a dû s'aliéner totalement dans leur projet pour sauvegarder l'illusion d'être aimé.

Les confidences de Guillaume ne laissent aucun doute sur l'importance du surinvestissement dont il fut l'objet de la part de sa mère (avant même, semble-t-il, le décès de son père, qui ne fit que renforcer cette tendance). Elle lui consacrait sa vie, il devait, en revanche, lui sacrifier son autonomie psychique ; plutôt que de le laisser partir, elle préféra entretenir sa sujétion en lui fournissant de la drogue. Dans un tel contexte, dépendant d'une mère qui s'était voulue absolument bonne et toute puissante et des toxiques auxquels il était addicté, Guillaume ne sut résister à la fascination de Morgane, qui dès leur première rencontre représenta pour lui l'Absolu, la Femme qui avait le pouvoir de le combler aussi sûrement que l'héroïne qu'ils consommaient ensemble.

La psychopathie de Morgane, son arrogance, sa froideur, sa détermination, son mépris des autres et son appétit de jouissance ont alimenté au quotidien la passion de Guillaume, tandis que ne supportant pas les marques d'affection qui dévalorisaient celui qui les donnait, Morgane ne pouvait rêver de Guillaume qu'en son absence. Car chez le psychopathe, la relation à l'autre se situe toujours dans le registre de l'imaginaire, sans que puisse advenir la dimension symbolique. La confrontation à la réalité de l'autre, donc à sa castration (symbolique) est insupportable. S'ensuivent répétitivement, lors des déceptions inévitables, des conduites d'évitement visant à sauvegarder le déni de la castration. L'absence physique de l'objet de la désillusion permet alors la reprise de l'idéalisation ; aussi, lorsque surviennent de nouveaux déboires (viol, incarcération), Morgane se retourne-t-elle tout naturellement vers Guillaume sans savoir que le destinataire de sa demande demeure imaginaire.

Après leur première séparation, il avait réussi non sans difficulté à prendre quelque distance, mais l'appel reçu de prison par son évocation nostalgique de leur rapport commun à l'héroïne exacerba sa passion. L'épreuve de réalité de leur vie quotidienne ultérieure l'amena, de manière inéluctable, à réaliser qu'il lui fallait faire le deuil de son rêve impossible de possession conjointe et indéfinie des deux Dames blanches. Plutôt que d'y renoncer, il préféra se donner la mort.

LE DILEMME DE GHISLAINE : L'ALIÉNATION OU LA MORT

Il est des sujets, pris dans les mêmes rêts passionnels, qui refusent l'issue du suicide. Toutefois, l'authenticité de leur demande d'aide et le courage de leur démarche ne suffisent pas toujours à les soustraire à l'emprise de Thanatos. Ainsi Ghislaine a-t-elle pu analyser son rapport à son mari dans la thérapie qu'elle avait entreprise et a semblé réussir à se déprendre de lui. Mais, dans le même mouvement, elle était devenue, sans le savoir, ni le révéler en séance, indifférente à sa survie, dans la mesure où l'objet d'amour perdu étant néantisé par la pulsion de mort, ogre internalisé réactivant dans le silence des organes la maladie létale qui allait l'emporter.

J'ai gardé un souvenir très précis de mon premier entretien avec Ghislaine. Sa présentation tout d'abord m'a frappée : engoncée dans une robe à smokes, coiffée d'une queue de cheval surmontant un visage poupin, elle avait l'air d'une petite fille trop grosse dont les yeux mangeaient la figure. Son obésité était d'ailleurs un des motifs de la consultation. En dépit d'un régime de famine, elle présentait une importante surcharge pondérale, et le nutritionniste qui la suivait avait insisté pour qu'elle rencontre un psychanalyste. Toutefois, son aspect physique ne la préoccupait guère, eu égard aux soucis que lui causaient ses relations conjugales.

Ghislaine vivait, depuis son mariage, un véritable enfer domestique. Le séduisant baroudeur qui l'avait conquise à vingt ans s'était vite mué en un personnage tyrannique. Elle l'avait aimé pour son côté bohème et un peu mystérieux, pour sa générosité assez folle : ne revenait-il pas de ses nombreuses absences inexpliquées avec des masses d'argent qu'il dilapidait en des fêtes inopinées dont elle était la reine ? Même son caractère entier et sa propension à la jalousie ajoutaient à son charme, malgré les scènes violentes qui survenaient parfois. « J'ai vécu un rêve pendant plus d'un an, au sortir de la grisaille de mon adolescence, puis tout a tourné au cauchemar. C'est comme si toute mon existence n'était depuis toujours qu'un long sommeil. Il me semble n'avoir jamais su ce que c'était qu'être réveillée. Même mes souvenirs d'enfance me laissent cette impression. »

Ghislaine date au jour près le début de la dégradation de son couple, dont elle impute la responsabilité à sa belle-mère : « Nous étions mariés depuis quelques mois et Ludovic avait traversé une période très difficile en tentant de s'installer à son compte avec un ami. Sous prétexte qu'elle nous avait prêté de l'argent, sa mère était omni-présente à la maison et passait son temps à se mêler de ce qui ne la regardait pas. Un jour, elle m'a reproché ma gestion, disant que je mettais son fils en péril. Alors mon mari m'a violemment insultée et pour complaire à sa mère m'a retiré la comptabilité de son affaire, qu'il a confiée à son plus jeune frère. A eux deux, ils n'ont pas tardé à être en faillite et, qui plus est, en faillite frauduleuse. Quant à moi, je n'ai eu aucune difficulté à retrouver une situation. J'ai même assez rapidement obtenu une promotion. Mais quelque chose entre nous était irrémédiablement cassé.

Ludovic réagit à la banqueroute par l'agression physique de son associé qui aurait pu lui valoir des démêlés avec la justice si son état psychique n'avait concomitamment entraîné une hospitalisation psychiatrique. Ses quelques tentatives de travail ultérieures se soldèrent toutes par des échecs : arrogant avec ses patrons, il les critiquait ouvertement devant les autres employés ou les clients. A la moindre remontrance, il répondait par une insulte voire des menaces, ce qui ne manquait pas d'entraîner son renvoi, toujours assorti de réactions agressives et/ou dépressives de sa part. Des scènes bruyantes de désespoir alternaient avec des violences conjugales et des moments passionnés de réconciliation, entrecoupés, lors de phases paroxystiques d'excitation ou de prostration, par de nouvelles hospitalisations. Il vivait d'expédients, de la pension d'invalidité qu'il avait obtenue et du salaire de sa femme.

Dans ce contexte, après un nombre impressionnant d'avortements provoqués, naquirent les deux enfants. Ludovic n'eut jamais qu'indifférence à l'égard de son fils aîné, mais il manifesta en revanche une véritable passion pour sa fille, dont l'amour avait remplacé, disait-il, l'attachement qu'il portait jadis à sa mère. Ce n'est d'ailleurs pas pour autant qu'il se préoccupa concrètement de son éducation, ni dans sa petite enfance, ni plus tard.

Quelques mois après la deuxième naissance, Ghislaine développa un cancer du sein. On ne lui cacha pas le diagnostic. Elle fit preuve d'une grande détermination dans son combat pour la survie, fut suivie dans un service de pointe, qui cinq ans après la déclarait "définitivement guérie", astreinte, et seulement si elle le désirait, à une visite de contrôle annuel. Elle venait d'effectuer la troisième quand je fis sa connaissance.

Lors de notre première rencontre, la demande de Ghislaine était centrée sur le sauvetage de son couple et elle venait chercher auprès de moi les moyens d'être enfin réellement utile à son mari, entré depuis peu dans une phase apragmatique. Elle espérait réussir à lui faire découvrir d'autres moyens de réagir au stress que l'explosion violente, le passage à l'acte agressif ou, au contraire, le repli sur soi. Elle gardait intacte sa nostalgie de l'époque de leurs fiançailles.

Les séances qui suivirent firent voler en éclats ce projet, car très vite Ghislaine se vit contrainte d'abandonner le dessein de réparation qui avait fondé sa démarche initiale. Il lui fallut aborder la vérité des problèmes de son couple, et par là, renoncer à ses rêves chimériques, caressés avec complaisance, d'Éden retrouvé dont Ludovic et elle seraient les deux héros. Cette prise de conscience aboutit à l'analyse de son propre rôle dans leur roman conjugal et à la mise en évidence des bénéfices secondaires qu'elle en retirait. Ainsi découvrit-elle que l'attitude de Ludovic lui permettait (à leur insu à tous deux) de s'identifier à un personnage infiniment bon et tout-puissant dont le partenaire était en droit de tout attendre. Le masochisme apparent de la jeune femme se nourrissait d'un fantasme mégalomaniaque infantile et trouvait sa source dans les frustrations, carences et deuils subis autrefois. Ce qu'elle redoutait, dans un possible départ de Ludovic, était que s'effondre son propre support identificatoire et la justification même de son existence, car sa certitude qu'il avait besoin d'elle lui imposait le devoir de se maintenir en vie. « Je n'arrive pas à me représenter son absence, y penser ça me fait un grand vide dans la tête, et je deviens incapable de ressentir quoi que ce soit. C'est au-delà de l'angoisse. Ce doit être cela le "néant". »

A ma question : « Cela vous est-il déjà arrivé autrefois ? » Elle enchaîna : « Très jeune, j'avais d'affreuses crises de désespoir que je ressentais comme une douleur physique intolérable, notamment dans la poitrine. Je n'arrivais à m'en débarrasser qu'en souhaitant très fort mourir pour être tranquille ; alors le vide dont je vous parlais tout à l'heure s'installait et c'était nettement plus supportable. »

L'ambiance du milieu familial de Ghislaine fut depuis toujours détestable. Une troisième naissance dans un contexte de conflit conjugal n'avait pas été bienvenue, les pleurs et l'embarras que cause un petit enfant dans un logement exigü auraient servi de prétexte à justifier les absences du père et à légitimer sa fréquentation des cafés, sujet d'interminables disputes du couple. Un climat constant d'oppression et d'insécurité constitue la toile de fond de ses souvenirs d'enfance : « Je ne suis jamais rentrée sans appréhension à la maison, craignant tout autant le vacarme des disputes que le silence de l'absence. Dans les deux cas, je me sentais responsable et ne trouvais, bien sûr, aucun moyen de remédier à la situation. Le départ définitif de mon père, quand j'avais huit ans, n'a rien arrangé, d'autant plus que ma mère a cessé de se cacher pour boire. Elle avait parfois, vis-à-vis de moi, de grands moments de tendresse, où elle me disait que si je n'étais pas là, elle n'aurait plus aucune raison de vivre. Mais, le plus souvent, je la sentais hostile. Ne me reprochait-elle pas régulièrement d'avoir été, par ma naissance, la cause de son divorce ? A tort ou à raison, je m'en suis d'ailleurs imputé la responsabilité et l'évocation de la séparation de mes parents m'a toujours plongée dans un profond malaise. J'ignore ce qui de moi est mort en ce naufrage, pas plus que je ne sais ce que ma mère a vraiment perdu. Est-ce la faillite de son couple qu'elle a tellement pleurée ou le décès de sa propre mère qu'elle adorait, victime d'une attaque peu après ma naissance ? »

Un drame affreux marqua la fin de son adolescence : sa sœur est tuée dans un accident de la route, écrasée dans la collision d'un camion et de la voiture qui l'emmenait en vacances. L'identification du cadavre à l'Institut médico-légal fut particulièrement traumatisante et cette tragédie relança la dynamique de culpabilité de Ghislaine, car c'était la première fois qu'elle partait seule en congé (pour rejoindre Ludovic), et elle aurait dû faire partie du voyage. Elle s'est toujours reproché le réconfort que lui ont apporté leurs amours naissantes.

D'emblée, Ludovic la subjugua, mais ce sont les revers endurés en commun et l'indéniable détresse qui fut parfois son lot qui transformèrent l'attachement de l'épouse en aliénation passionnelle. Ghislaine voua son existence à Ludovic et crut de bonne foi qu'elle seule avait le pouvoir de le délivrer de ses démons familiers. Occuper cette fonction salvatrice jouait un rôle primordial dans son économie psychique. C'était en quelque sorte sa revanche sur les malheurs passés, et elle ajoute avoir toujours eu l'impression de ne pouvoir acquitter sa dette envers lui.

Le début de la thérapie lui fit prendre conscience de cette dynamique de rachat. Elle réalisa qu'elle était en fait amoureuse d'un mythe, et que toute son attitude conjugale visait à combattre l'attraction du néant qu'elle avait précocement rencontré dans sa lutte contre l'angoisse. Elle analysa le contenu de ses "crises" : les actuelles qui lui révélèrent la haine secrète qu'elle nourrisait pour Ludovic, reprise du sentiment ancien de haine déniée qu'elle avait eue pour sa mère. Elle reconnut aussi la rancune qu'elle ressentait pour son père à cause de son caractère falot, de son attitude démissionnaire et de ses violences inopinées, traits qu'elle repéra également chez son mari. Cette démarche de désillusion la conduisit dans le cabinet d'un avocat pour entamer une procédure de divorce.

Parallèlement, elle réorganisa sa vie, imposant ses conditions au patron de la petite entreprise où elle travaillait et qui l'avait jusqu'alors exploitée sans vergogne : elle exigea et obtint des horaires décents et une importante augmentation. Pour la première fois, elle envisageait de prendre des vacances en fonction de ses goûts et non des désirs de Ludovic ou des besoins des enfants. Elle voulait faire une petite croisière et décida, avant de s'inscrire à l'agence de voyage, de retourner voir le nutritionniste pour bénéficier d'un séjour en clinique diététique afin d'y perdre ses kilos superflus. « Je veux avoir le plaisir à me regarder dans la glace, et puis j'ai envie qu'on s'occupe de moi pendant quelque temps. Je pense avec plaisir aux bains et massages de l'institut de thalassothérapie où je vais entrer. Je n'ai plus honte d'une démarche que je considérais naguère comme égoïste et frivole. »

J'étais alors persuadée qu'une dynamique positive était instaurée, que les investissements et les choix de Ghislaine se situaient sous l'égide d'Éros, que le dévoilement de l'interprétation lui avait permis d'échapper à la spirale mortifère. Un mois plus tard, une flambée métastatique inaugurait une phase terminale : elle entra à l'hôpital pour y mourir en dix jours.

A sa demande, je lui rendis plusieurs fois visite. Elle était très lucide, savait son état désespéré, mais n'en luttait pas moins avec acharnement contre son mal, réclamant à cor et à cris une nouvelle chimiothérapie. Elle m'en expliqua sans tarder les raisons. « Je crois que c'est moi qui ai fait repartir mon cancer après plus de huit ans. Je n'avais sans doute pas le droit d'être bien. Si je me laisse aller, je vais sûrement mourir, or je dois faire tout ce qui est en mon pouvoir pour survivre afin d'être quitte, vis-à-vis de mes parents, mes enfants, mon mari. » Elle ne se reconnaissait même pas le droit au soulagement que procure la morphine et ne l'accepta qu'après une séance où fut débusqué le fantasme mégalomaniaque qui sous-tendait cette attitude, à savoir que refuser les calmants lui conférait un pouvoir sur l'évolution de sa maladie, donc sur les conséquences qui en résulteraient pour ses proches.

Ghislaine m'a révélé un jour son dilemme : l'aliénation ou la mort, elle n'a pu s'acquitter symboliquement de sa dette à Thanatos, et a payé de sa vie, ce qui fut pour elle une transgression inassumable : accepter le primat d'Éros, se soustraire à l'implacable exigence expiatoire dont elle subissait le diktat depuis sa petite enfance[1].

VIVIANE ET L'ASSOMPTION DE LA CASTRATION SYMBOLIQUE

Est-il donc impossible au partenaire d'un psychopathe d'acquitter sa dette à Thanatos sans y perdre la vie ou subir un abandon douloureux, source de dépression[2] ?

Nous avons connu Viviane à l'âge de quatorze ans. Six mois auparavant, sa mère était morte d'un cancer, cependant que son père commençait sur elle des manœuvres de séduction sans aller toutefois jusqu'à l'accomplissement sexuel complet. Une dénonciation de la fille aînée et le témoignage des voisins déclenchèrent l'enquête policière et l'inculpation, tandis que le juge des enfants ordonnait une prise en charge par notre service. Le premier souci du magistrat était de faire surveiller par des éducateurs l'organisation matérielle de la vie de cette fratrie dont Viviane était la plus jeune. En effet, affolé par la tournure des événements, l'hostilité de ses proches et l'instruction de son procès, M. X avait déserté le domicile familial et s'était réfugié chez son amie, en abandonnant ses quatre enfants à la garde de leur sœur, tout juste âgée de dix-huit ans. Il lui faisait parvenir chaque mois un chèque de pension alimentaire et l'existence dans le pavillon déserté par les adultes était plutôt chaotique.

Dire que Viviane vint nous voir à contre-cœur est un euphémisme. Précisons qu'il ne se passait guère de semaines sans qu'elle fût convoquée pour quelque expertise : gynécologique, psychiatrique ou psychologique, tous examens subis passivement, dont elle dira plus tard les avoir vécus dans une atmosphère de

(1) L'annonce de l'évolution fatale opéra sur Ludovic un effet de sidération qui le transforma en époux modèle dès que Ghislaine lui devint inaccessible. Cet investissement idéalisé rétrospectif l'amènera dans le même mouvement à dévaloriser ultérieurement sa nouvelle compagne tant lui est resté impossible l'*hic et nunc* de la vie partagée sur un mode harmonieux.

(2) Cf. chapitre 4 : l'analyse de la vie amoureuse de Jacques Mesrine.

cauchemar, en retrouvant pour les décrires les accents du *Procès* de Kafka. Son unique demande aux services judiciaires, médicaux ou sociaux était « qu'on ne lui pose plus de questions et qu'on la laisse enfin tranquille. » Jusqu'alors brillante élève, elle avait perdu tout intérêt pour ses études et passait le plus clair de son temps confinée dans sa chambre à lire des bandes dessinées en écoutant ses disques. Elle n'était pas pour autant satisfaite de son mode de vie car elle supportait de plus en plus mal l'autorité de ses aînées, vécue comme ingérence, et découvrait son ambivalence à l'égard de ceux qui avaient fait éclater le scandale de ses relations "incestueuses". Parallèlement, elle refusait catégoriquement toute solution d'internat qu'elle assimilait à une prison.

Dans ce contexte, la sœur de la mère, qui vivait à Senlis, proposa d'accueillir Viviane à son foyer, mais la bonne volonté de cette famille fut rapidement mise en défaut par les habitudes d'indépendance, la force d'inertie et l'opposition passive de l'adolescente. Oncle et tante ne comprenaient rien aux bouderies de leur nièce, vilipendaient ses accès de mauvaise humeur, dénonçaient ses mauvaises habitudes et sa paresse. Ils conclurent très rapidement qu'elle n'était qu'une fieffée menteuse qui profitait de sa situation d'orpheline et avait inventé des horreurs sur son père pour le traîner dans la boue et souiller la mémoire de sa mère. Ils lui reprochaient pêle-mêle ses résultats scolaires médiocres, ses envies de sorties nocturnes et son parisianisme. Ils étaient peinés de son attitude négative vis-à-vis des valeurs traditionnelles de leur couple, refus qu'ils interprétaient comme de l'ingratitude à leur égard.

Nous n'avons jamais rompu le contact avec la jeune fille ni abandonné la difficile concertation avec sa famille. Les conflits rencontrés conduisirent Viviane à faire cas de l'existence du service et à nous adresser pour la première fois une demande : qu'on l'aide à quitter Senlis sans la mettre en pension. Elle accepta sans trop de réticences d'aller vivre chez son tuteur (oncle paternel) en grande banlieue parisienne, puisqu'il n'était pas question de revenir au statu quo ante qu'elle aurait préféré de beaucoup. Elle avait cessé de considérer comme intrusion insupportable le fait que l'éducatrice s'occupe de ses études ; elle lui sut même gré de favoriser son entrée au lycée et de rencontrer régulièrement ses professeurs. Dans le même temps, l'un de nous recevait à intervalles réguliers le tuteur et son épouse, qui n'avaient jamais eu d'enfants et se sentaient dépassés par cette adolescente encombrante qui dérangeait leurs schémas pré-établis : l'oncle l'aurait voulue tête de classe (ce dont elle avait les moyens), la tante parfaite ménagère (ce pourquoi elle n'avait aucun goût). Ils étaient tous deux déconcertés par son attitude fuyante, car Viviane, réconciliée avec ses frères et sœurs, ne cessait de passer tous ses week-ends dans le pavillon familial et considérait leur foyer comme un hôtel.

Ainsi s'amorça le tournant de la prise en charge de Viviane, qui en dépit de la longueur des trajets ne manqua plus jamais un rendez-vous. A l'occasion de l'un d'eux, elle m'avoua très mal supporter les entretiens dans un bureau, qui lui rappelaient trop les expertises d'antan. Qu'à cela ne tienne, on pouvait se rencontrer ailleurs ! Ma proposition de nous voir en un lieu moins conventionnel permit de poser les prémisses d'une thérapie qui devait durer cinq ans. Dès la semaine suivante, lors d'un déjeuner pris en commun, Viviane se mit à parler d'elle, de sa peur des garçons, de ses doutes sur son intelligence, de ses craintes pour l'avenir. Peu de temps après, elle évoqua avec amertume le passé récent, se plaignant notamment de n'avoir jamais eu les résultats des tests subis lors des expertises. Elle réclama d'en passer de nouveaux pour en connaître les conclusions (ce qui fut fait). Elle prenait en même temps conscience de ses difficultés de relations avec son oncle et sa tante : c'est elle qui, en juin, proposa d'être interne à la rentrée suivante dans le lycée où elle devait redoubler sa classe de première.

L'année scolaire qui suivit fut sans histoire, tandis que se développait le processus psychothérapique. A ce moment de son parcours, Viviane demeurait prisonnière de l'idéalisation de sa mère dont elle n'arrivait pas à faire le deuil tandis que lui restait impossible d'aborder le registre interdit de ses relations incestueuses, sauf par quelques allusions. Cependant, elle établissait tacitement un rapport de cause à effet entre son passé et sa difficulté actuelle de communication avec les hommes. De surcroît, timide et gauche à l'excès, elle ne supportait ni d'apercevoir son reflet dans la glace ni de capter le regard d'autrui posé sur elle, sans que surgisse un profond malaise, voire une crise d'angoisse, sentiments que peu à peu elle parvenait à exprimer.

Quelques mois plus tard, au retour des grandes vacances, Viviane arriva au service apparemment métamorphosée pour nous annoncer qu'elle était amoureuse. Elle était stupéfaite et ravie de voir mise en défaut sa certitude d'être inapte au désir, et dissipée la honte que lui inspirait son corps. Viviane avait eu un coup de foudre pour Gérald[1], de cinq ans son aîné, héroïnomane désintoxiqué (?) dont cependant le souci majeur restait chaque matin de mettre de côté la somme nécessaire à l'achat de sa barrette de shit : ce n'est qu'ensuite qu'il se préoccupait d'assurer nourriture et logement. Il vivait d'expédients et de délinquance, méprisait fortement le milieu bourgeois dont il était issu ; beau parleur, il faisait sans arrêt l'éloge de l'anarchie et de la liberté même s'il fallait la payer du prix de la galère.

Ultérieurement, nous avons su qu'il lui arrivait périodiquement de disparaître une semaine ou plus pour replonger dans les drogues dures, l'irrépressible "défonce autre", comme il l'appelait. Il revenait de ses "descentes" dans un état lamentable en suppliant Viviane de l'aider à "décrocher", en l'assurant qu'elle seule possédait ce pouvoir rédempteur. Hors ces moments pathétiques de retour, Gérald avait une âme de Pygmalion ; ce rôle lui fut d'autant plus facile que Viviane était littéralement fascinée. Il l'initia à la drogue, mais elle refusa toujours de se "fixer". Il n'eut pas grand mal à la convaincre de quitter l'internat à sa majorité. Dans le même mouvement, elle se désintéressa de ses études, ce qui aboutit à un échec prévisible au baccalauréat.

La seule chose qu'il ne put lui imposer fut l'arrêt de la relation thérapeutique. Il l'aurait sans nul doute obtenu si le transfert n'avait été aussi solidement établi. Peut-être y serait-il cependant parvenu si leur relation avait continué dans l'atmosphère idyllique du début de leur rencontre. Mais Gérald se montra très vite capable d'être aussi odieux, cynique et méprisant qu'il avait su être séduisant, sentimental et amoureux. Il lui arriva plus d'une fois de voler l'argent de la pension alimentaire versée à Viviane pour s'acheter de la came lorsqu'il était en manque. Il l'insultait souvent, lui reprochant d'aller au lycée, au lieu de trouver le moyen de lui rapporter de l'argent.

Un jour, il lui annonça que l'attachement qu'il avait pour elle le laissait cependant frustré sur le plan sexuel, et qu'il lui fallait une ou deux nuits de liberté par semaine pour avoir des aventures diversifiées et plus satisfaisantes. Dans le même moment, il protestait de son amour et faisait du chantage au suicide pour le cas où elle le quitterait. Il lui dit souvent qu'elle seule avait le pouvoir

---

(1) Cf. chapitre 1.

de le sauver et de donner un sens à sa vie ; tout un temps, elle le crut et se plia à ses exigences.

Pendant plus d'un an, l'itinéraire de Viviane fut très douloureux et semaine après semaine, nous en fûmes confidents et partenaires. Elle vécut des prises de conscience dramatiques, la confrontation à la dynamique de l'échec et du rejet, la peur de la violence, la peur de la folie. Elle dut affronter les sentiments de culpabilité savamment entretenus par Gérald, et renoncer à la place salvatrice omnipotente qu'il lui proposait sans cesse de prendre, et lui faisait payer si cher. Quel mécanisme permit qu'advienne la rupture, sans déchaînement de passions, brutalité ou désinsertion sociale (puisque Viviane fut reçue au baccalauréat et organisa de manière autonome sa rentrée en faculté l'année suivante, et que Gérald ne se suicida pas et continua de mener avec d'autres la même existence errante et marginale) ?

Au début de la thérapie, Viviane n'avait pas fait le deuil de sa mère. Elle me confia plus tard son refus d'admettre qu'elle était « morte pour de bon ». Cette pensée l'avait préservée du chagrin et elle n'avait pas versé une larme lors des obsèques, ni à l'église ni au cimetière. Dans les mois et les années qui suivirent, ce décès fut un sujet tabou. Viviane l'évoquait seulement lorsqu'elle avait quelque bénéfice secondaire à en retirer, notamment attendrir ses professeurs.

Le film *Tendres passions*[(1)], vu avec l'éducatrice, déclencha un processus d'abréaction qu'elle put exprimer en séance. Au-delà de l'affect de peine ressenti, Viviane découvrit peu à peu son sentiment de culpabilité : elle se tenait pour responsable de la mort de sa mère, qui avait percé le secret de ses relations intimes avec son père : « Je suis sûre que c'est cela qui l'a tuée. » Elle se sentait d'autant plus coupable qu'elle n'occultait plus la part active qu'elle avait tenue dans le processus de séduction. Mon interprétation sur ce qu'il y a d'universel dans le désir œdipien et sur le rôle d'interdicteur de l'inceste qu'aurait dû tenir le père, permit de dissiper l'exorbitante culpabilité qu'elle ressentait. En même temps fut démystifié le portrait de la mère jusque-là idéalisée et considérée comme une sainte. Dans ce mouvement, Viviane devint capa-

(1) Ce film américain met en scène l'agonie et la mort d'une jeune femme emportée par un cancer et comporte plusieurs scènes particulièrement poignantes de rapports mère-fille.

ble de renoncer à ses visées rédemptrices et accepta de ne pas être le personnage christique qui aurait eu ce pouvoir à travers la passion. Au lieu de l'Autre que j'occupais dans le transfert, j'avais pu lui signifier qu'elle était marquée du sceau de la castration symbolique.

Notre pratique auprès des psychopathes nous laisse penser qu'ils ne peuvent nouer de relations amoureuses que dans le registre de l'idéalisation, la fascination, l'élation et la passion. Quand cette dimension n'existe plus, leur lien à l'autre se détruit et le partenaire connaît alors l'abandon ou l'exploitation systématique avec humiliations, injures et sévices qui sont aussi le lot de ceux qui se laissent séduire par des psychopathes sans inspirer de coups de foudre en retour.

Quelles affinités secrètes existe-t-il entre ces êtres dont le mode d'investissement obligé se fait dans le registre de la passion ? Leur exigence commune s'étaye sur un besoin de réparation. Ainsi que nous l'avons vu, la théorie psychanalytique s'accorde à reconnaître l'importance de la faille narcissique des psychopathes, et la plupart des auteurs mettent l'accent sur la réalité et la précocité des traumatismes vécus dans la prime enfance. Il nous est apparu que la carence s'assortissait souvent d'une surstimulation œdipienne sur laquelle nous reviendrons[(1)]. Cette faille narcissique fonde l'existence d'un noyau dépressif que nous avons constamment retrouvé.

Un projet infantile mégalomaniaque de rédemption et/ou le désir de partarger un destin exceptionnel se retrouve toujours chez les conjoints de psychopathes. A l'évidence, ils tentent de suturer leur manque par un amour hors du commun. Les uns comme les autres n'ont pas su établir précocement des relations d'objet satisfaisantes. Car le monde et leur mère n'ont pas été "suffisamment" bons, pour reprendre l'expression de Winnicott. Le lien amoureux est le leurre de leurs aspirations à la sublimation, le vivre autrement supposerait qu'il y ait déjà eu issue hors de l'univers psychopathique.

A leur insu, et de manière dissymétrique, ces couples caressent la chimère de créer à leur usage un nouvel âge d'or qui verrait la renaissance de l'androgyne sous sa forme primitive parfaite avant que la colère de Zeus ne s'abbatît sur lui. Ils croient ainsi servir Éros cependant qu'ils sont enchaînés à Thanatos.

---

(1) Cf. chapitre 4.

4

La sorcière métapsychologie et la psychopathie

« C'est vous qui raisonnez son crime, lui simplement le commet. »
André Gide, *Les caves du Vatican*

NATURE DE L'AGIR PSYCHOPATHIQUE

Quelle est la nature de l'Agir psychopathique ? Comment se situe-t-il par rapport aux différentes manifestations agies distinguées classiquement par la psychanalyse, à savoir : l'acte manqué, l'acte symptôme névrotique et l'acting out de la cure ? Arriver à préciser l'essence de ce que nous appelons Agir en nous inspirant du terme utilisé par Freud, *Agieren,* a non seulement un intérêt théorique, mais conditionne une bonne part du choix des attitudes thérapeutiques à adopter avec le psychopathe.

L'acte manqué, l'acte symptôme névrotique, l'acting out

Le 21 août 1909, Freud, Jung et Ferenczi s'embarquent sur le George Washington qui quitte Brême pour New York. A bord, ils trouvent un stewart en train de lire la *Psychopathologie de la vie quotidienne.* Comment comprendre le succès populaire de cet ouvrage ? Pour la première fois, Freud procurait au lecteur une clef permettant de rendre intelligibles les ratés de ses actions quotidiennes : lapsus, retards et oublis involontaires et irritants. De ces actes manqués, Lacan dira qu'ils sont « des discours réussis voire assez joliment tournés »[1]. Comme les symptômes psychiques, on sait qu'ils sont des formations de compromis entre l'intention consciente du sujet et le refoulé. On peut donc les analyser et décoder les émotions inconscientes qui ont amené le sujet à "rater" son acte malgré lui.

---

(1) Jacques Lacan. Fonction et champ de la parole en psychanalyse in *Écrits* pages 267-268. Éditions du Seuil, 1966.

Aux assises, Rocky (Cf. Chapitre 2) avait fait présenter par son avocat son meurtre comme un acte absurde et sans mobile sérieux. Pourquoi aurait-il pris tant de risques pour gagner vingt cinq mille francs, alors qu'il était propriétaire d'un grand restaurant parisien ? En prison, plus tard, il me confiera qu'il en espérait en réalité beaucoup plus. Son commanditaire lui avait promis la moitié des parts de la société de celui qu'il avait accepté d'assassiner, en cas de succès. A la différence des actes manqués involontaires, un certain nombre d'agirs psychopathiques sont donc le fruit d'une volition consciente, parfaitement délibérée.

Mais si l'agir psychopathique ne saurait être ramené à un acte manqué, les actes manqués accompagnent le plus souvent cet agir, qu'il s'agisse du moment, du lieu ou des conditions même du délit. Ainsi Rocky garda-t-il le manteau de cuir noir de sa victime ce qui permit ensuite son inculpation.

A l'exception du délit parfaitement prémédité, les agirs psychopathiques se caractérisent par leur soudaineté, leur brutalité même, qui fait dire à leurs auteurs : « c'est plus fort que moi ». Ils se rapprocheraient ainsi, de par leur caractère compulsif et forcé, des actes-symptômes des obsessionnels, qui imposent à ces sujets d'exécuter leurs rituels de lavage ou diverses vérifications épuisantes. Dans "la religion privée", toute cette activité dérisoire « n'a pas sa fin dans son objet comme l'acte banal de la vie quotidienne, mais elle semble l'avoir en elle-même, agir devient une fin en soi »[1]. On a le même sentiment à l'écoute des psychopathes pour qui toujours plus de transgressions est vécue comme une nécessité interne. Comme l'obsessionnel, il souffre d'angoisse insupportable si par hasard l'acte ne peut être accompli. On sait comment Freud a pu démontrer, à l'aide du déplacement, de la condensation, de l'isolation etc., la nature "symbolique" des actes-symptômes névrotiques. Les rituels aberrants ont pour fonction de préserver le sujet de la réalisation de l'Acte interdit dans le passé, tout en permettant une satisfaction déguisée dans le présent. Comme le dit encore Laurent Assoun, « c'est de ne pas faire cet acte impossible qui pousse l'obsessionnel à répéter son acte dérisoire, mais c'est l'espoir de le faire un jour qui soutient sa répétition sans fin ». Sur ce point, le psychopathe

(1) Cf. Laurent Assoun "De l'acte chez Freud" in *Les actes - Nouvelle Revue de Psychanalyse.* Printemps 85, Gallimard.

est aux antipodes du fonctionnement psychique de l'obsédé. Pour lui, il ne s'agit en aucun cas de différer l'accomplissement de l'acte interdit, mais de procéder à son exécution immédiate. Cette nécessité impérieuse de passer à l'acte rapproche l'agir psychopathique de ce que l'on appelle communément *acting out* dans le champ analytique[1].

Il arrive dans la cure du névrosé que l'analysant veuille dans l'instant « mettre en acte ses passions sans tenir compte de la situation réelle[2] ». Il le fera dans sa vie et aussi parfois chez l'analyste. Mais, au-delà de la transgression de la règle fondamentale (tout dire et ne pas agir) qui préoccupe à juste titre le praticien de l'analyse, Lacan trouve à ces actes impulsifs une haute valeur signifiante. L'*acting* est essentiellement, selon lui, « quelque chose qui se montre d'une façon voilée pour nous, mais qui n'est pas voilée en soi, visible au contraire au maximum. » Bref, ça parle. En particulier, ça interpelle l'analyste sur son défaut d'interprétation de ce qui est en train de se rejouer dans le transfert, à moins que l'*acting out* ne soit une réponse à un excès de violence interprétative ou à un passage à l'acte du thérapeute.

Pour l'école anglaise (Winnicott, Balint, Masud Khan), l'intérêt thérapeutique des *acting* n'est plus à démontrer. Pour nous, **l'acting out serait une parole in statu nascendi,** une parole en train de naître sous les yeux de l'analyste. La maïeutique analytique ordinaire pourrait alors, dans les cas heureux, jouer son rôle d'accoucheur du sens qui s'y profile. Il en va autrement de l'agir psychopathique.

L'agir psychopathique : Perceval

La secrétaire m'avertit que Perceval avait repris rendez-vous[3]. Il y avait des mois que je le savais suivi par une psychiatre en ville. Sans doute avait-elle su le décider à reprendre la thérapie avec moi ? Ses premiers mots semblèrent me donner raison. « Cette fois j'ai pris une grande décision », me dit-il. Mais, après

(1) Le terme *acting out* a été introduit par Moreno, l'inventeur du psychodrame, en 1932.

(2) Sigmund Freud, "Dynamique du transfert", in *De la technique psychanalytique,* PUF, 1953.

(3) J'avais connu Perceval à l'hôpital psychiatrique où il avait été interné à vingt-sept ans après une défenestration effectuée lors de son divorce.

un long silence, il reprit : « J'ai décidé de me débarrasser physiquement de ma femme. J'ai pu me procurer une arme par un de mes anciens amis du gang des Marseillais. Je ne vous en avais jamais parlé, mais j'ai vécu des années dans le grand banditisme. Mes compagnons d'alors sont tous, sauf exception, morts ou incarcérés. Vous savez que mon ex-femme m'empêche depuis six ans de revoir mon fils, elle change sans cesse de domicile, et comme elle vit en communauté, il m'a été impossible de faire valoir mon droit de visite. C'est pourquoi je suis maintenant déterminé à la supprimer. Je tenais à vous en prévenir. »

Je fus fort soulagé de le voir revenir à la séance suivante. Après avoir enlevé son walkman et soigneusement plié son écharpe rouge sang, il prit la parole : « J'ai suivi votre conseil. J'ai jeté le "7,65" dans la Seine, sous le pont Mirabeau, au deuxième pilier. Je l'ai fait de nuit, car avec ma chance habituelle j'aurais pu me faire arrêter pour port d'arme prohibée. » Pour cette fois, le transfert avait pu, selon le mot de Freud, « passer les rênes aux pulsions sauvages ». Puis Perceval m'instruisit de la nature des agirs psychopathiques dont il souffrait depuis longtemps. « J'ai des éclairs de folie. J'appellerai cela comme ça. J'agis brutalement, sans préparation, sans réflexion, sans raison. Par exemple, lors de mon service militaire, je rentrais de permission pour rejoindre ma caserne à Lyon. A Châlon, je suis descendu du train. Sans l'avoir prévu, sans l'avoir prémédité, je suis devenu déserteur ; sans projet, je fus vite repris et sanctionné. En 1968, j'ai quitté le gangstérisme pour des raisons politiques. En prison, j'avais pris conscience de la hiérarchie terrible de la lutte de classes, pourrait-on dire, qui est celle du Milieu, du porte-flingue à l'intouchable. C'est alors que j'ai rencontré ma future femme. Elle habitait une chambre de bonne dans mon immeuble, un mois plus tard nous étions mariés. J'animais ensuite une école parallèle. J'y ai renoncé aprés un attentat d'extrême-droite où les enfants, dont le mien, ont tous failli périr carbonisés. J'envisageais d'entrer à "Action Directe", mais cet acte terroriste m'a refroidi. A ce moment, mon épouse a décidé de me quitter en enlevant notre fils. Un soir, j'en parlais à mon père, qui me disait combien il me serait difficile de les retrouver. Je n'ai pensé à rien. J'ai ouvert la fenêtre et j'ai sauté du quatrième étage. » Un vélum providentiel amortira la chute de Perceval qui sera admis en placement d'office à l'hôpital psychiatrique avec les deux bras cassés.

Ainsi, selon nous, et à la lumière des "éclairs de folie" de Perceval et de bien d'autres, l'agir psychopathique serait :

- d'une toute autre nature que les actes manqués, les actes-symptômes et les *acting out* dont nous avons précisé la valeur de message adressé à l'autre ;
- moment de bascule, dans la théorie lacanienne, « Hors du symbolique vers le réel » ;
- il serait la marque d'un processus d'impuissance à métaboliser les tensions par la voie psychique, qu'elle utilise le symptôme névrotique ou qu'elle emprunte l'hallucination et le délire psychotique ;
- le signe d'une homéostasie mentale archaïque tributaire du fonctionnement persistant du mécanisme de décharge de la tension interne par l'activité motrice.

Sur le plan thérapeutique, l'agir psychopathique :

- ne relevant ni du symbolique, ni de l'imaginaire, ne se prête pas à interprétation analytique. **Seules les conditions de sa réalisation, lieu et moment du passage à l'acte peuvent et doivent être analysées** ;
- le thérapeute visera par le transfert **à transformer l'Agir en Acting.** Cette transformation, quand elle s'opère (cf. le cas Arthur, chapitre 5) indique le passage du réel au symbolique.

GENÈSE DE L'AGIR PSYCHOPATHIQUE

Peut-on arriver à **comprendre** la genèse de l'agir psychopathique ? C'est-à-dire tenter de repérer comment et pourquoi à travers la préhistoire et l'histoire du sujet, le passage à l'acte est resté le moyen de détente privilégié au détriment de l'élaboration mentale qui aurait dû lui succéder comme régulateur des tensions psychiques ? Et comment et pourquoi ces agirs sont toujours des raptus agressifs et destructeurs de soi, de l'autre et de la réalité extérieure ?

La "viciation" dans l'établissement du lien à l'autre

La carence

Que faut-il pour qu'un besoin soit satisfait ? Selon Freud, « une action spécifique ». C'est-à-dire des actes moteurs adaptés ayant pour effet de résoudre la tension interne née du besoin.

Mais pour que l'action spécifique s'accomplisse, la présence d'un "objet spécifique" et d'un "apport extérieur" (la nourriture si ce besoin est la faim) sont indispensables[1]. Comme chacun le sait, "l'expérience de satisfaction" passe pour le nourrisson par la médiation obligée de l'Autre. C'est à ce moment de la rencontre avec l'Autre nécessaire à la satisfaction que Freud situe l'origine de la moralité et de la compréhension mutuelle avec autrui. « L'impuissance originelle de l'être humain devient ainsi la source première de tous les motifs moraux » et de l'entente avec le prochain. Nous avançons **qu'avec le futur psychopathe quelque chose a été tragiquement raté lors de ces rencontres inaugurales avec l'Autre.** Que s'est-il donc passé ?

Le 26 mai 1957, à l'hôpital Diston Hall de Cambridge à Gateshead (Angleterre), Betty Bell, tout juste âgée de dix-sept ans, mit au monde un bébé. « Débarrassez-moi de ça, aurait-elle crié en se jetant sur le côté alors qu'on lui mettait Mary, son nouveau-né, dans les bras[2]. Onze ans plus tard, Mary Bell assassinait deux petits garçons âgés respectivement de trois et quatre ans. Il faut certes se garder de généraliser à partir d'un cas aussi exceptionnel (sur lequel nous reviendrons). Mais l'anamnèse des psychopathes, bâtie à partir d'entretiens approfondis avec leurs mères, nous a confirmé cette faillite catastrophique de l'établissement du lien à l'autre. Soit que la mère ait été, de par sa dépression au moment de la naissance de l'enfant, une véritable "morte-vivante" véhiculant des messages d'anti-vie, soit que l'abandon, en privant réellement l'enfant « de la nourriture affective à laquelle il avait droit » (Spitz)[3] ne détruise à la racine les fondements de l'éthique.

La conduite d'Yvan illustre bien cette carence. Quel est le "sport" favori de ce garçon de dix-sept ans ? Arrêter les cars de police pour provoquer les gendarmes en les insultant, en les sommant de se mesurer à lui. Cow-boy de banlieue, chevalier d'Aubervilliers, son seul plaisir dans la vie est de se battre et de donner des coups « à poings nus, mais surtout des coups de boule en plein visage ». Se faire régulièrement tabasser par les agents de

---

(1) Sigmund Freud, "Esquisse d'une psychologie scientifique", in *La naissance de la psychanalyse,* p. 336, PUF, 1973.

(2) Cf. Gitta Sereny, *Meurtrière à onze ans, le cas Mary Bell,* Denoël-Gonthier, 1974.

(3) Cf. J.-P. et L. Chartier, *Les parents martyrs,* p. 179 à 182.

la force publique qu'il a injuriés et frappés ne fait qu'exacerber sa haine et son désir de vengeance. « A la prochaine rencontre, j'aurai un flingue, je leur ferai la peau à tous ces salauds. » Voilà à peu près la teneur de son discours lors de notre premier entretien, qui eut lieu après son éviction de l'hôpital psychiatrique pour violence incontrôlable. Aucune institution spécialisée n'avait su garder cet adolescent plus de deux mois. Depuis qu'il était tout petit, Yvan volait, brisait, se battait et incendiait. A la moindre contrariété, il sautait à la gorge de son interlocuteur : camarade, enseignant ou soignant. Or, dans sa petite enfance, par deux fois, sa mère l'avait abandonné. Une première fois, peu après sa naissance, puis à trois ans après un essai avorté de vie familiale avec un émigré.

L'étude ethnograpique de Kardiner sur la société d'Alor confirme les **effets dessocialisants** du désintérêt précoce de l'Autre pour le nouveau-né. En effet, les enfants de cette peuplade, délaissés par leurs mères absorbées par les travaux des champs, sont confiés aux soins peu attentifs d'un frère un peu plus âgé. Devenus adultes, ils se montrent inquiets, méfiants et incapables de coopérer. « Personnes à la conscience morale peu exigeante, ils n'ont acquis ni le concept de vertu ni celui de la récompense. Incapables de prévoir, ils vivent dans l'instant présent en tolérant le délabrement et la décadence. » Les gens d'Alor, à l'instar du psychopathe, ont vécu un rapport perturbé à la réalité. Nous allons maintenant essayer de préciser en quoi.

Comment peut-on expliquer que les psychopathes fassent à la fois preuve d'une inadéquation dramatique au réel, mettant sans raison en péril leur existence et celle d'autrui[1], et qu'ils se montrent à d'autres moments hyper-adaptés à la réalité en percevant d'infimes détails de leur environnement physique et psychologique ?

La distinction des deux fonctions, l'une purement perceptive, l'autre normative de "l'épreuve" et du "principe de réalité" freudien qui en découle, fournit la solution à ce paradoxe apparent. "L'épreuve de réalité", cette « grande institution du moi », permet au sujet de discriminer les stimuli venant de la réalité exté-

(1) En particulier à l'occasion de jeux comme la roulette russe ou le *chicken* où deux voitures se lancent à fond l'une contre l'autre. Le conducteur qui dévie le premier sa trajectoire devient le *chicken,* c'est-à-dire en français, le froussard.

rieure de sa propre production interne d'images et de sensations. Elle a pour but d'éviter « la confusion entre ce que le sujet perçoit et ce qu'il ne fait que se représenter »[1]. Les psychopathes y parviennent parfaitement. Ne souffrant d'aucune hallucination, ils sont mêmes souvent des observateurs doués. L'autre rôle du "dispositif spécial" (comme Freud appelle l'épreuve de réalité dans l'abrégé) serait de tester le degré de réalisme des désirs et fantasmes du sujet et de déterminer ainsi les conditions temporelles et opérationnelles de leur réalisation. C'est cette aptitude à différer la satisfaction, à discriminer « le permis du défendu, le licite de l'interdit »[2], le réalisable du chimérique et le possible de l'impossible qui fait cruellement défaut chez le psychopathe. Seule compte pour lui l'impérieuse nécessité de vérifier le pouvoir absolu de son désir sur le monde. L'exigence pulsionnelle met alors la réalité comme entre parenthèses. Les psychopathes, comme les pervers, dénient au réel et à autrui le droit d'être la limite de leur soif de jouissance sans bornes. Auraient-ils vécu quelque expérience infantile, évidemment postérieure à leur rencontre décevante avec l'Autre, qui leur aurait prouvé que leur rêve pouvait devenir réalité ?

La surstimulation œdipienne

L'arrogance et la certitude sans faille que tout leur est dû sont communes aux psychopathes, comme s'ils étaient assurés que la loi ne les concerne pas et qu'ils auront toujours le loisir de subordonner le principe de réalité au principe de plaisir. Pour eux, l'interdit (de l'inceste et du meurtre) reste lettre morte. Bien plus, sa transgression constitue la représentation archétypale du plaisir, ce qui n'est pas sans expliquer certains meurtres gratuits de membres des forces de l'ordre.

Dans d'autres cas, à défaut de pouvoir continuer de posséder la mère, ils pourront la violenter ou se venger métaphoriquement sur la société. La réparation qu'opère une relation fusionnelle après l'éprouvé carenciel fonde le sentiment mégalomaniaque et risque de laisser l'enfant démuni devant toute nouvelle frustation

---

(1) Laplanche et Pontalis, *Vocabulaire de psychanalyse,* "l'épreuve de réalité", p. 138.

(2) Piera Aulagnier, *Les destins du plaisir.* Notes sur le concept de réalité, p. 143, PUF, 1979.

affective. La désillusion précipitera le sujet hors du paradis retrouvé en attisant son avidité[1] et son désir de vengeance.

C'est le cas de Roland, un des adolescents les plus dangereux dont nous nous soyons occupés. Adopté à six mois, il n'était alors "guère éveillé" aux dires de sa mère, mais sa violence allait se manifester dès qu'il sût marcher, vers quinze mois. A deux ans, il se faisait remarquer par ses colères clastiques ; à la maternelle, il essaiera de gifler la directrice... Renvoyé de l'école primaire pour son agressivité envers ses camarades, il renverse les meubles et, à neuf ans, il menace d'un couteau sa mère qui a déjà "épuisé" avec lui les consultations des plus prestigieux services de pédo-psychiatrie parisiens.

Pré-adolescent, il nargue la police, se moque du juge des enfants, fugue des internats et des hôpitaux spécialisés. La veille du BEPC, il fait sortir le surveillant général dans la cour du lycée en le "braquant" avec le poignard dont il ne se sépare jamais et qu'il "promène" régulièrement sur le cou de sa mère. A quinze ans et demi, Roland est interné en placement d'office. Le rapport d'expertise établit un diagnostic de psychopathie dont les manifestations électives s'adressent à la famille, notamment à la mère, dont il souligne la relation fusionnelle à ce fils. A la sortie, il sera orienté vers une clinique universitaire en province, puis vers un lieu de vie où il ne sera pas non plus supporté. C'est alors qu'un foyer d'accueil d'urgence nous l'adresse.

La détresse du couple était patente, notamment celle de l'épouse qui avait fait pour son fils « plus que le possible ». Elle s'était dévouée jour et nuit à ce bébé de six mois nouvellement arrivé à leur foyer, désertant pour ce faire le lit conjugal de son mari stérile. Moins d'un an après, elle avait disparu pendant de longues semaines à cause d'une rechute de rectocolite hémorragique. Pour le chirurgien, l'étiologie de cette poussée catastrophique ne faisait aucun doute. Il avait d'ailleurs interdit cette adoption.

Roland n'en était que plus précieux pour sa mère : plus il se montrait odieux, plus elle le défendait, jusqu'au moment où, à bout de nerfs, elle acceptait une mise en pension, qu'elle ne soutenait jamais plus de quelques mois malgré l'opposition de son mari au retour de leur fils. Cependant, sous cette surprotection,

---

(1) Au sens kleinien du terme.

l'agressivité, voire la haine, affleurait parfois. Elle en était consciente et redoublait alors ses efforts de réparation, d'autant plus culpabilisée qu'elle dût à maintes reprises retourner à l'hôpital pour de longs séjours. Ses retrouvailles avec Roland qui « lui avait procuré plus d'émois que son mari », furent toujours passionnées ; puis, inéluctablement, revenait la reprise des combats mère-fils et une recrudescence d'exactions hors famille.

Ainsi la complaisance maternelle, son masochisme et son fantasme réparateur mégalomaniaque ont-ils renforcé au fil des années le comportement psychopathique de Roland en un processus répétitif, scandé par séparations et retours. Intolérant à la frustration par son passé carenciel, mystifié par une mère qui lui a laissé croire qu'elle saurait à elle seule réparer tous les manques endurés, fils d'un père qui n'a su prendre sa place dans la configuration œdipienne parce qu'il a accepté que sa stérilité lui supprime le droit de parole, Roland a adopté l'agir comme mode privilégié de décharge de ses tensions, faisant ainsi l'économie de l'élaboration psychique.

MOTEUR DE L'AGIR PSYCHOPATHIQUE : THANATOS EN LICE

La pulsion de mort est « une pulsion dont la satisfaction totale et définitive comporterait la disparition de tout ce qui peut être source de besoin et de risque de souffrance, elle vise donc la disparition, la mort du corps. »(1)

La nature des agirs psychopathiques (violences, sadisme, crimes et/ou automutilations, autopunitions de toute nature, suicide) comme leur répétition "démoniaque", indiquent de façon non contestable qu'en psychopathie Thanatos est en lice dans le bruit et la fureur. La pulsion de mort constitue le moteur principal de l'économie psychique de ceux pour qui l'agir tient lieu de langage. On y voit à l'ouvrage, et comme à ciel ouvert, son versant autodestructeur, le déflechissement défensif de l'agressivité sadique sur autrui et la désintrication progressive d'Éros et de Thanatos.

Comment comprendre cette prévalence de Thanatos ? Et com-

---

(1) Cf. la définition qu'en donne Piera Aulagnier. *Les destins du plaisir.*

ment est-elle compatible avec la survie du sujet. Nous avons déjà pu repérer dans la faillite tragique de l'établissement du lien à l'Autre un premier activateur de Thanatos sous son aspect de désinvestissement d'autrui et de la satisfaction que l'autre peut habituellement procurer. Mais la pulsion de mort va vite donner au futur psychopathe un nouveau rendez-vous sous les espèces de la haine et de la violence potentiellement meurtrière dans le milieu familial. L'histoire de Mary Bell en fournit une illustration saisissante[1].

La rencontre initiale avec la violence meurtrière : Mary Bell

A peine âgé d'un an, Mary va avaler des "pilules pour les nerfs" pourtant soigneusement rangées hors d'atteinte d'un bébé par sa grand-mère maternelle. Ce fut le premier d'une série "d'accidents" qui advinrent à Mary au cours des quatre années suivantes et qui mirent souvent sa vie en péril. Alors qu'elle avait deux ans et demi, sa mère affolée appela sa sœur pour lui annoncer « qu'un horrible accident était arrivé à Mary : elle avait été écrasée par un camion ». Renseignements pris, il s'avéra que Mary n'avait pas été accidentée mais donnée par Betty à des voisins en mal d'adoption. Reprise par ses parents après l'intervention de la tante, Mary va de nouveau ingérer un médicament dangereux qui était dans le sac de sa mère. Un lavage d'estomac la tire d'affaire pour cette fois. Mais le climat familial se dégrade de plus en plus. Betty reproche à son mari de se saouler et de ne pas travailler, le père de Mary accuse sa femme de se prostituer et même d'être fouetteuse. Les disputes se terminent généralement par des affrontements physiques sous les yeux de Mary. C'est à l'âge de quatre ans que Mary a son "accident" le plus grave. Quand sa tante arriva à l'hôpital, l'enfant avait déjà repris connaissance. Betty sanglotait devant la porte de la chambre. « Ne la crois pas, supplia-t-elle, elle dit que c'est moi qui lui ai donné les pilules de fer. » Ce que Mary confirme par la suite au médecin et qu'elle affirme encore de retour en famille. A l'école primaire, Mary dit « n'avoir jamais eu peur, être incapable de pleurer et aimer faire du mal aux autres. » Insupportable avec ses camarades, elle les griffe, les mord et essaie parfois de les étrangler. A

(1) Cf. le livre de Gitta Sereny.

onze ans, elle étouffera Martin Brown, un voisin de trois ans. Deux mois plus tard, après s'être vantée partout de son premier meurtre, elle étranglera Brian Howe. « Qu'en est-il des effets sur l'originaire de la violence déchirant le milieu psychique ambiant ? » se demande Piera Aulagnier(1). Si l'invocation d'un passé de violences et de souhaits de morts rencontrés dans le milieu familial ne saurait suffire à expliquer le choix psychopathique, nous avançons que le psychopathe enfant a vécu dans son entourage des relations violentes où le meurtre faisait partie du possible et non de l'interdit. En nourrissant et en exacerbant sa pulsion de mort, ces contacts précoces avec une haine potentiellement meurtrière lui ont donné le privilège d'agir son agressivité jusqu'à la mort d'autrui avec beaucoup plus de facilité que n'importe quel être humain névrosé ou psychotique. Pour le psychopathe, agresser, voire détruire l'autre, devient même parfois une question de survie. La haine et le sadisme sont alors les « ultimes compromis qu'Éros a pu arracher à Thanatos(2) ». L'histoire de Jacques Mesrine permet-elle de confirmer notre hypothèse ?

L'instinct de mort

Faut-il présenter Jacques Mesrine ? Né le 28 décembre 1936 à Clichy, il est mort le 2 novembre 1979 à la porte de Clignancourt sous les balles de la police. Ennemi public n° 1 dans deux pays, il avait commis au moins sept meurtres, trente-neuf crimes, quinze tentatives de meurtres de policiers, plus de deux cents cambriolages et prises d'otages, sans oublier ses quatre évasions spectaculaires. Pyschopathe archétypique de notre époque, il s'est mis en scène avec complaisance et aussi avec sincérité dans son livre *L'instinct de mort*. Que le titre de son autobiographie ne doive rien à la lecture de Freud nous semble une preuve supplémentaire de la place centrale de Thanatos dans l'économie psychopathique(3). Voyons maintenant comment l'histoire de Mesrine

(1) « Quelqu'un a tué quelque chose », Piera Aulagnier, in *Topique,* n° 35-36, "Voies d'entrées dans la psychose". ÉPI, 1985.

(2) Cf. notre article "L'analyste et le psychopathe", in *Topique,* n°26, ÉPI.

(3) Nous avons été les analystes de Jacques Mesrine comme Freud l'a été du Président Schreber. C'est-à-dire que « nous avons trouvé légitime de rattacher des interprétations analytiques à l'histoire de quelqu'un que nous n'avons jamais vu et qui a écrit et publié lui-même son cas » (Freud, in *Cinq psychanalyses*). *L'instinct de mort* nous semble un document aussi décisif pour l'entendement de la psychopathie que le furent *Les mémoires d'un névropathe* de Daniel-Paul Schreber dans la compréhension de la paranoïa.

permet d'illustrer le destin des pulsions en psychopathie.

Vie et mort de Jacques Mesrine

Jacques est né dans un foyer apparemment modèle. Son père, dessinateur de mode, s'entendait à merveille avec sa femme, qui exerçait le même métier. Si l'accouchement fut difficile, sa prime enfance jusqu'à trois ans semble s'être passée sans problèmes notables. Mais nous sommes en 1939, la guerre éclate et Pierre Mesrine est mobilisé. Jacques ne comprend pas pourquoi son père les quitte. Il n'en a retenu que ses dernière paroles : « A toi de protéger mes deux femmes, petit homme. » L'autre femme, c'est sa sœur aînée, qu'il n'évoquera jamais dans son ouvrage fort de trois cent cinquante pages de souvenirs. En tout cas, le départ énigmatique du père lui donne une occasion d'approcher de plus près sa mère physiquement, avant d'être relégué chez des cousins en province. C'est là qu'il va se découvrir une grande passion pour les animaux, les chiens en particulier, qui ne le quittera plus. Dans ce petit village de la Vienne, Jacques va assister aux combats sanglants entre les résistants et les Allemands. « Tout à coup, nous aperçûmes un corps couché dans le fossé, comme un pantin désarticulé ; sa tête penchait sur le côté. Le sang coulait de sa bouche. Ce fût mon premier contact avec la mort et cela ne m'effraya pas. J'étais comme fasciné. » Peu après, à la Libération, il fut le témoin des drames de l'épuration. Il lui fallut attendre un an de plus le retour de son père, qu'il avait passionnément espéré pendant six ans. Mais la joie des retrouvailles passées, Jacques allait être déçu par ce père trop absorbé par des activités professionnelles qui commençaient à devenir florissantes. Les résultats scolaires furent-ils inversement proportionnels aux succès du père ? Placé au collège de Juilly, considéré comme un des meilleurs internats de France, Mesrine se sent abandonné par sa famille. Discipline et travail ne s'améliorent pas. Il sera renvoyé après deux années houleuses, et va connaître la vie d'un gamin des rues à laquelle le niveau socio-économique de ses parents ne le prédisposait en rien. « Avec les copains, ce n'était que bagarres et démonstrations de force. Très jeune, je me suis conditionné à la préparation des crimes que j'allais commettre plus tard. Je n'ai fait que répéter dans la réalité ce que je m'étais habitué à faire par jeu. » A dix-huit ans, Mesrine épouse prématurément Lydia, une étudiante de couleur rencontrée par hasard à la cité universitaire. Enceinte d'un inconnu, elle cherchait un père possible pour son enfant. Le "Chevalier Ducon" comme il s'appela lui-même, épousa donc "Sainte Salope", surtout pour le pire. Jaloux, cocu et pas content, Jacques Mesrine frappe pour la première fois une femme, sa femme, puis il y prit goût et se mit à conclure leurs innombrables disputes « par des paires de gifles ». Son départ pour l'Algérie lui permit de la rayer à jamais de sa vie et même de sa mémoire. Il fit comme si « elle n'avait jamais existé ».

En contemplant la mort, la guerre lui apprendra « à ne plus respecter la vie » et même à « enterrer en lui tout sentiment humain ». Mesrine fit en effet partie de ces services de renseignements de l'armée qui torturèrent à mort des fellagahs. Volontaire pour toutes les missions impossibles, ses supérieurs lui proposèrent une carrière militaire. Il refusa : « Je n'aime pas l'armée, je n'aime que risquer ma peau, cela lui donne une certaine valeur. Ce qui est grave pour moi, c'est que maintenant la vie des autres tout comme la mienne n'a plus d'importance. » Se jugeant floué par une société qui lui « avait fait risquer [sa] vie pour une fausse cause », il décida de s'attaquer à l'ordre social et de lui faire payer le prix de ce qu'il avait détruit en lui. Lucidement, Jacques Mesrine avoue s'être alors "suicidé socialement". Dans la criminalité, il va se découvrir « une âme de tueur instinctif ». Prenant plaisir à faire souffrir autrui, il étonne par sa froideur et son sadisme ses complices qui sont pourtant des truands avertis. Il raconte en ces termes l'exécution du protecteur de la prostituée avec qui il avait eu sa première relation sexuelle. « Ma dague lui pénétra le dessous du genou droit. Un cri s'échappa de sa bouche malgré son baillon. Je fis alors pénétrer doucement la lame d'acier dans son foie et c'est le sursaut de son corps qui l'enfonça jusqu'à la garde. » Parti se "mettre au vert" en Espagne, il rencontre une jeune fille vierge et ingénue. Soledad se laissa séduire et quitta son pays pour retrouver Jacques à Paris et s'en faire épouser. Mais les activités noctambules et délinquantes de Mesrine furent rapidement la source de disputes incessantes et violentes dans le couple. Quand les coups ne suffisent plus, Mesrine n'hésitait pas à sortir une arme et à menacer son épouse de l'abattre. Nous manquons d'indications sur la personnalité et l'histoire de Soledad, il est pourtant probable qu'elle partageait les caractéristiques psychologiques de ces conjoints de psychopathes que nous avons étudiés au chapitre précédent. Elle supporta donc le mode de vie du Milieu, alla visiter Jacques quand celui-ci fut incarcéré pour la première fois, suite à un cambriolage mal préparé, se voulant l'agent de sa réhabilitation, elle crut l'avoir changé quand, à sa sortie de prison, il se décida à travailler. Un patron compréhensif ayant accepté de l'embaucher comme maquettiste malgré son passé judiciaire, Mesrine allait pendant seize mois devenir bon travailleur, bon époux, bon père. Hélas, la fermeture de l'entreprise va le ramener sur les chemins du grand banditisme : casses, meurtres et règlements de compte vont se succéder. Mesrine se montre expert en manipulation de l'angoisse de l'autre, en particulier lors du meurtre d'un associé ; il précise : « Je fis semblant de lui donner une chance de s'en tirer, je retardais sa mort comme par plaisir. » Parallèlement, il abandonna Soledad qui avait maintenant trois enfants, pour "Janou", une ex-prostituée qui va devenir pour quelques années « sa voyoute, sa femme, sa complice ». Si l'on en croit son récit, autant la vie commune avec Soledad avait été orageuse, autant furent idylliques les relations qu'il eut avec Janou lors de leur séjour au Canada où le couple s'était réfugié. Embauchés comme cuisinier et femme de chambre d'un milliardaire, peut-être seraient-ils parvenus à redevenir honnêtes, mais une dispute avec leur employeur allait refaire de Mesrine un "fauve".

Emprisonné après le kidnapping de son ex-patron, il assomme un autre détenu, tente plusieurs fois de s'échapper et lors d'une évasion ratée, il apostrophe le policier qui le met en joue en ces termes : « Tu peux tirer, j'en ai rien à foutre de mourir ». Accusé à tort du meurtre d'une hôtelière, Jacques confesse qu'alors sa « haine du flic tourna à l'obsession : si j'avais pu en tuer un même avec mes dents, je l'aurais fait ». En même temps, Mesrine ne peut s'empêcher d'admirer le peuple canadien qui sait se protéger de ses criminels sans pour autant appliquer une détention répressive comme en France. « Celui qui acceptait son séjour en prison était certain de le faire dans de bonnes conditions. » Mais, multi-récidiviste des tentatives de cavales et des prises d'otages, il sera transféré à l'Unité spéciale de correction, construite pour empêcher toute évasion et, selon lui, « détruire le psychisme des hommes » qui y étaient incarcérés. A l'isolement complet, enterré dans un bloc de béton sans fenêtre, exposé à la lumière artificielle vingt-quatre heures sur vingt-quatre avec l'interdiction de relever le drap sur le visage, son séjour à l'U.S.C. fût digne d'un cauchemar kafkaïen. Non seulement il arrivera à s'en échapper, mais il reviendra attaquer ce pénitencier inhumain pour essayer de délivrer des amis toujours détenus.

Comme nous l'avancions au chapitre 2, une grande part des comportements les plus "déraisonnables" des psychopathes ne peuvent être compris si l'on refuse d'admettre leur propension à la générosité et au courage désintéressés. Cela n'exclut pas que Mesrine et ses semblables se conduisent le plus souvent comme "des fauves enragés". Traqués, Jacques et Jean-Paul, son complice, abattirent sauvagement deux gardes forestiers. L'émotion soulevée au Québec par ce double meurtre est immense. Pour échapper à la chasse à l'homme qui s'ensuivit, Jacques rentra clandestinement en France. Il y reprit une existence délinquante dont l'argent n'était pas la motivation principale. Le goût du risque le poussait à entreprendre des hold-up de plus en plus audacieux. Parfois le vol devient une drogue ou un alibi pour celui qu'habite Thanatos.

Mesrine, à plusieurs reprises, confie « aimer risquer sa peau et ne vivre que pour cela. » Mais le psychopathe n'est pas le seul que tentent les conduites ordaliques(1). Lors de l'une des arrestations de Mesrine, le commissaire Broussard accepta de se présenter désarmé devant Jacques qui le défiait. Risquer sa propre vie est parfois la seule façon d'en imposer au psychopathe. De retour à la prison de la Santé, Mesrine va rédiger son autobiographie. Elle se termine par un réquisitoire contre la prison "école du crime" et par un plaidoyer pour la mise en place d'une aide efficace et non carcérale aux jeunes délinquants « qui pourrissent inutilement dans ces prisons où se fabriquent les Mesrine de demain ».

Par la suite, on sait que Jacques Mesrine s'échappera spectaculairement de la Santé, dévalisera, déguisé en policier, le casino de Deauville, enlèvera pour toucher une rançon de six cents millions de francs Henri Lelièvre, tentera d'assassiner un juge et un journaliste de *Minute* qui l'avait "calomnié" et rencontrera Sylvia Jean-Jacquot qui allait être sa dernière compagne. Son "testament", enregistré juste avant sa mort, lui est dédié. En voici quelques extraits :

« Mais oui, ma puce, ton mari est mort, abattu par les policiers. Et maintenant tu es seule avec ta souffrance. Une chose, mon ange, il faut vivre, tu sais. Aimer comme je t'aimais, c'est impensable. Nous avons vécu ça, c'était beau, c'était simple, tout était vrai chez nous. Mais quand un homme vit par les armes, le vol, la

---

(1) Sur les conduites ordaliques, cf. Aimé-Charles Nicolas, in *Topique*, n° 35-36, pages 207 à 229, ÉPI, 1985.

violence et le crime, c'est très rarement qu'il meurt dans son lit. Face à un type comme moi, y'a pas tellement de cadeaux à faire. Je n'en fais pas non plus de mon côté. Tu sais la mort, en fin de compte, ça n'existe pas, c'est rien pour celui qui a su vivre. Je n'avais plus tellement le choix. Et à la finale, j'ai assumé ma criminalité jusqu'au bout. Et puis en enfer, on rigole drôlement. Il n'y a que des gens qui ne s'emmerdaient pas sur terre qui y sont actuellement. A la finale, je vais rester un exemple, un mauvais exemple. Certains vont faire de moi un héros, alors qu'il n'y a pas de héros dans la criminalité. Il n'y a que des hommes qui n'acceptent pas les lois. »

Quarante-huit heures après avoir enregistré ce testament, le 2 novembre 1979, à 15 h 15, Mesrine sera définitivement victime de son instinct de mort.

Essais d'interprétation : Mesrine avec Freud

Les paranoïaques ne se prêtaient au traitement psychanalytique qu'avec réticence. Avec eux, la cure durait trop peu de temps pour permettre « d'arriver à des conclusions analytiques ». L'écrit providentiel d'un malade génial permit à Freud de forger sa théorie du mode de fonctionnement de cette psychose qui s'articulerait autour de l'homosexualité refoulée. Les mémoires de Schreber furent ainsi à la source de la découverte freudienne de la genèse de la paranoïa.

Nous ne prîmes connaissance de l'autobiographie de Mesrine que bien après avoir élaboré nos premières hypothèses théoriques sur la nature et le mécanisme de la psychopathie[(1)]. La lecture de *L'instinct de mort*[(2)] fut donc pour nous le moyen de passer au "banc d'essai" nos idées. Seront-elles confirmées ou infirmées par le récit de Mesrine ? Quelles sont les pistes que nous avions négligées dans l'analyse des conduites psychopathiques ? Ce questionnement définit l'usage métapsychologique que nous avons réservé à cet ouvrage.

L'instinct de mort est exclusivement dédié à sept femmes et à "l'ami" qui se reconnaîtra.

Qui est ce mystérieux ami ? Mesrine prend soin d'avertir le lecteur par un dicton mis en exergue qu'il ne s'agit certainement pas

(1) Cf. "L'analyste et le psychopathe", in *Topique,* n° 26, ÉPI 1980.

(2) Notre édition de *L'instinct de mort* est celle du Champ Libre, 1984.

des amis qu'il a fréquentés[1].

La citation qui ouvre le premier chapitre, « A quoi sert de pleurer le soleil, tes larmes t'empêcheront de voir les étoiles », nous permet d'avancer, comme Freud le fait pour Schreber à propos de la relation toute particulière que ce malade croit avoir avec le soleil, que Mesrine en invoquant l'Ami y exprime sa nostalgie d'un père. Mais de quel père s'agit-il ? De celui qu'il n'a pas eu, celui qu'il "adorait" secrètement et pour qui il avoue « avoir pleuré en hommage à l'homme, au seigneur qu'il avait été pour lui ». Pas son père réel, en tout cas, car les relations que Jacques eut avec l'auteur de ses jours ont été marquées par l'absence, la carence et le dépit. Comme nous l'avons vu, Pierre Mesrine, du fait de la guerre, va être absent six années de la vie de son fils âgé de trois ans lors de la mobilisation. Jacques affirme ne pas avoir compris les raisons de ce départ. Elles seraient restées pour lui très longtemps mystérieuses. Cet "embarras" à se souvenir de la cause, réelle et banale, vu l'époque, de l'absence de son père, serait-elle imputable au fantasme de meurtre du père ? On peut le soutenir quand on voit avec quelle fréquence la disparition d'un parent en pleine période œdipienne prend cete signification pour l'inconscient de l'enfant. S'éclaireraient du même coup cette étrange relation qu'il fait des circonstances de sa naissance, comme s'il en avait été le spectateur.

« Pierre, au chevet de sa femme, la regardait avec appréhension et tendresse.

— Souffres-tu mon ange ?

— Non, ça va, tu vas voir le beau garçon que je vais t'offrir.

Monique ne put retenir un cri de douleur.

— Cette fois je le sens venir, ce petit diable.

La sage-femme repoussa Pierre sans ménagement.

— Allez, laissez-moi travailler et ne faites pas cette tête-là, tout va bien se passer.

L'accouchement fut difficile... C'est ainsi que je vis le jour. »

Le fantasme d'auto-engendrement que trahit à l'évidence ce récit serait alors, par un mécanisme de clivage, le moyen de dénier tout en la confirmant la mise à mort du père. Plusieurs des crimes de Mesrine, en particulier lorsqu'il supprime cruellement et semble-t-il pour le plaisir des proxénètes, notamment le souteneur

(1) « Seigneur, protégez-moi de mes amis. Mes ennemis, je m'en charge. »

de la prostituée qui lui avait fait découvrir l'amour pour la première fois, nous semblent des rééditions agies du fantasme meurtrier inaugural dont l'efficacité avait été prouvée par le départ de son père. Mais si cette interprétation est justifiée, pourquoi Mesrine n'a-t-il pas développé comme les autres enfants qui connaissent ce type de configuration œdipienne, une importante culpabilité inconsciente et ultérieurement une névrose obséssionnelle ? Notre version "œdipianisée" de la petite enfance de Mesrine n'est-elle pas contradictoire avec la conduite du même criminel "sans regrets ni remords", capable plus que quiconque d'agir son agressivité meurtrière sur autrui ?

Apparemment, le père de Mesrine n'avait rien du délinquant ou de l'alcoolique violent qui fournissent le plus gros contingent des géniteurs habituels de futurs psychopathes. Pourtant, à sa façon, il ne fût pas plus heureux que les catégories précédemment citées pour représenter légitimement la loi. « Petit homme, je te confie mes deux femmes », aurait-il dit à Jacques en le quittant. Comment peut-on confier la vie de sa femme et de sa fille à un bébé de trois ans ? Au-delà de la véracité des paroles rapportées par Mesrine, on peut affirmer, à la lecture de son récit, que ce père ne s'est pas situé pour lui en interdicteur de l'inceste. Pire, il apparaît même comme l'incitateur à la transgression comme tous les parents de délinquants que nous avons vu prescrire implicitement ou non des normes d'inconduites à leurs enfants(1). Sa carence de présence et d'autorité deviendra patente après son retour de captivité. Jacques constate alors avec amertume que son père le « laisse grandir sans constater ni corriger [ses] défauts. (...) J'aurais voulu qu'il me questionne longuement sur ce que j'avais fait de mes journées, qu'il me fasse réciter mes leçons et m'engueule pour ne pas les avoir apprises. Mais rien de cela n'arrivait, il était là, mais vivait comme en marge de ma vie. »

Comme le dit Lacan, « un peu de sévérité n'est pas de trop » pour éviter les effets de cette carence paternelle, produit du « père humilié, du père engoncé, du père dérisoire, du père au ménage, du père en vadrouille »(2).

---

(1) Cf. *Les parents martyrs.* Tous les délinquants immotivés (ils avaient tout pour être heureux) que nous avons rencontrés avaient subi ce genre d'influence destructurante dans leur enfance.

(2) Jacques Lacan, « Du traitement possible de la psychose. ». Lacan y expose magistralement ce qu'il entend par "nom du père" et "métaphore paternelle. *Écrits,* pp. 578-579, Seuil.

Quand l'attitude démissionnaire ou illégitime du père s'allie à la non acceptation de sa castration par la mère, échoue chez l'enfant le processus de dégagement de l'assujettissement imaginaire à la mère primitive. Le tatouage « une pensée à ma maman »(1), qui décore si fréquemment les avant-bras des pires repris de justice, est le signe visible de l'échec de la métaphore paternelle chez le psychopathe.

On comprend alors mieux pourquoi il n'accède que fort peu à la dimension symbolique et refuse obstinément la castration (symbolique). Comme le dit Mesrine à la dernière page de son autobiographie : « Je suis sans limites ».

Ainsi l'analyse du récit nous a-t-elle permis de repérer une dimension de la problématique psychopathique que nous n'avions pas mise en évidence jusqu'alors : l'échec de la métaphore paternelle. L'étude de l'autobiographie de Mesrine nous autorise aussi à authentifier **la présence des facteurs que nous avons décelés dans la genèse de l'excitation précoce de la pulsion de mort et de l'agir psychopathique.** A savoir :

- La viciation du lien à l'Autre par rupture de la relation lors de la séparation entraînée par la guerre. Plus tard, cet "abandon" sera redoublé par sa mise en internat au collège de Juilly.

- La surstimulation œdipienne facilitée par le départ du père et concrétisée lors de l'exode ; Mesrine dit alors « avoir eu pour toute couche la paille d'une grange et pour toute chaleur celle du corps de [sa] mère ». De retour à Paris, « Papa n'était plus là et nous couchions tous les trois dans le même lit »(2).

- Le contact avec la violence meurtrière et la haine (combats et scènes de l'épuration).

L'étude de la vie amoureuse de Jacques Mesrine permet également d'illustrer le destin des pulsions en psychopathie.

« Comparons le psychisme élémentaire humain à la double structure hélicoïdale de l'A.D.N. telle que l'ont découvert Watson et Cricks. Une grande branche représenterait la pulsion de mort, une autre grande branche la pulsion de vie. Entre les deux branches, la pulsion d'emprise essaie de faire le pont entre les deux grandes pulsions, à la manière des acides aminés qui unissent les deux tores de l'A.D.N. » Cette métaphore heureuse de

(1) La pensée tatouée est bien sûr une fleur !

(27 Cf. *L'instinct de mort,* pages 17 et 18.

Jean Sandreto[1] permet de se représenter la liaison que Freud postule comme nécessaire à la survie du sujet entre la pulsion de vie et la pulsion de mort, par la biais de la pulsion d'emprise qui tend à maîtriser l'excitation haineuse en la "libidinisant". Comme nous l'avons déjà dit, le sadisme et le masochisme vont être pour le psychopathe les moyens ultimes pour tenir en respect une pulsion de mort exacerbée et partiellement "déliée" par la faillite initiale de l'établissement du lien à l'Autre[2]. La vie sentimentale de Mesrine montre clairement que le processus de désintrication pulsionnelle se poursuit et se parachève progressivement.

Avec ses deux premières épouses, de permanentes relations de couple sado-masochistes "lient" l'agressivité meurtrière à la sexualité. Comme le montre cet extrait : « Agressivement belle, Soledad me fixa les yeux noirs de haine et me dit :

— Mais vas-y, tue moi, tu peux le faire, je n'en peux plus de vivre de cette façon. Mais vas-y donc, tire si tu le veux.

Je lui remis deux gifles en lui disant :

— Si tu veux crever, tu as tout ce qu'il faut dans la salle de bains. Sers-toi, mais sois gentille, ne te rate pas. »

Avec Janou, la maîtresse qu'il prit après avoir abandonné Soledad, plus question d'insultes, de menaces ou de coups. Avec le temps, les liaisons de Mesrine se vivront sous le signe de la domination d'Éros, voire Agapè en ce qui concerne sa dernière compagne qui faillit partager son tragique destin. Parallèlement, son agressivité, son désir de détruire et de tuer grandirent. Il se décrit alors comme devenu "un tigre". La férocité habitait son cœur. Lors du double meurtre "gratuit" de proxénètes, il n'hésitera pas à confesser : « J'étais leur destin. J'étais leur mort. » Les pulsions désintriquées l'amènent alors dans son activité délinquante à s'identifier à la pulsion de mort pour réserver Éros à sa vie amoureuse. Peu avant sa mort, Jacques Mesrine, en société, se situait comme une sorte d'avatar, l'incarnation de Thanatos sur terre. La pulsion était devenue son destin[3].

---

(1) Jean Sandreto, « Pulsion d'emprise et narcissisme », in *Topique,* n° 35-36.

(2) Sur la liaison et la déliaison des pulsions, cf. Laplanche et Pontalis, *Vocabulaire de la psychanalyse,* pp. 507 à 510.

(3) On sait que Freud a fait de Thanatos la pulsion par excellence. Cf. Laplanche et Pontalis, op. cit., p. 376.

DU MÉCANISME DE LA PSYCHOPATHIE : PSYCHOSE MANIACO-DÉPRESSIVE ET PSYCHOPATHIE

Si l'on en croit Freud dans un de ses derniers écrits, « le but le plus louable des études psychologiques serait de rechercher comment des éléments des deux espèces d'instinct (de vie et de mort) arrivent à s'associer, à quelles conditions se nouent ou se rompent ces associations, et quels troubles correspondent à ces modifications »[1]. Nous venons de découvrir que le processus de désintrication pulsionnelle partiellement réalisée pendant l'enfance du psychopathe par la viciation du lien à l'Autre, se poursuivait par la suite, le conduisant le plus souvent à une mort prématurée. Le degré d'union ou de désunion permet-il de différencier la psychopathie des autres structures psychopathologiques ? Nous mettrait-il, du même coup, sur la voie du mécanisme de cette pathologie ?

Notre expérience clinique nous permet d'affirmer aujourd'hui l'homologie structurale des grandes toxicomanies, des perversions et de la psychopathie. Ces trois états ne sont-ils pas caractérisés par l'application constante d'une formule existentielle, véritable dénominateur commun, qu'on peut résumer en « déni, défi, délit » ? Les différents degrés d'intrication pulsionnelle amènent à saisir pourquoi le pervers n'est pas forcément psychopathe et réciproquement. Devient pervers ou toxicomane l'enfant qui, confronté à des expériences traumatiques précoces et en particulier à la surstimulation œdipienne, a su sauvegarder une "liaison" suffisante des pulsions à travers des pratiques sexuelles ou toxiques qui ont la particularité de « satisfaire conjointement Éros et Thanatos[2]. Risque d'entrer dans la carrière psychopathique le sujet chez qui les carences relationnelles précoces ont mis le feu au moi naissant et défusionné les pulsions. La compulsion à répéter ces expériences catastrophiques parachèvera avec le temps l'autonomisation de la pulsion de destruction.

Il existe une psychose où la désintrication pulsionnelle va aussi loin qu'au stade terminal de la psychopathie : la psychose maniaco-dépressive. La manie, véritable « fête du moi » (Freud),

(1) Sigmund Freud, in *Analyse terminée analyse interminable*. Analectes, Éd. Théraplix, 1970.

(2) Cf. Piera Aulagnier, « La potentialité polymorphe », in *L'apprenti historien et le maître sorcier,* PUF, 1984.

exprime la frénésie de la libido déchaînée. La mélancolie apparaît comme une culture pure de l'instinct de mort. Mais quels points communs peut-il y avoir entre le mélancolique prostré insomniaque, refusant la nourriture, inlassable à réclamer dans un faible murmure le châtiment de ses crimes imaginaires et le psychopathe arrogant, avide de jouissance, accusant la société tout entière d'être responsable du délit qu'il vient de commettre ?

A première vue, disions-nous[1], ces états semblent s'exclure aussi sûrement que la manie s'opposait à la mélancolie, avant que leur complémentarité ne soit reconnue par Kraepelin et démontrée par Freud et Abraham. A y regarder de plus près, on s'aperçoit que la mélancolie et la psychopathie font toutes deux référence à la délinquance et au crime. A partir de ce qui pourrait n'être qu'une coïncidence, faut-il tenter de rapprocher la symptomatologie et la psychogenèse de ces états ?

« La mélancolie se caractérise par une dépression profondément douloureuse, une suspension de l'intérêt pour le monde extérieur, la perte de la capacité d'aimer, l'inhibition de toute activité et la diminution du sentiment d'estime de soi »[2]. Si le psychopathe est lui aussi incapable de se tenir à une activité productive et qu'à l'évidence il méprise la société où il se dit contraint de vivre, il se présenterait plutôt tel que Freud décrit le mélancolique dans ses auto-reproches, c'est-à-dire « mesquin, égoïste et insincère ». Lors d'un premier contact, on ne soupçonne pas avoir affaire à un dépressif grave. Ce n'est que lorsque son interlocuteur aura su gagner sa confiance qu'il acceptera de parler de sa dysphorie cachée et de son piètre sentiment d'estime de soi. Les brûlures de cigarettes volontaires, les scarifications gratuites, les tentatives de suicide toujours sanglantes et douloureuses (phlébotomie en particulier), les auto-mutilations horribles qu'il s'inflige, et pas seulement en milieu carcéral, sont autant de preuves irréfutables du peu de cas qu'il fait de son corps et de sa survie. Comment ne pas rapprocher ce raffinement dans la haine de soi des trésors d'ingéniosité que le mélancolique déploie pour se tourmenter et parfois se tuer ? Dans ses relations avec autrui, nous avons vu, dans le chapitre trois, que le psychopathe se montre effectivement incapable d'aimer dans un registre de réciprocité.

(1) Cf. J.-P. Chartier. « L'analyste et le psychopathe ». *Les parents martyrs.*

(2) Cf. Sigmund Freud, « Deuil et mélancolie », in *Métapsychologie.*

Le plus souvent, il exploite l'autre sans vergogne ; triomphant et euphorique, il accable autrui de son ironie et de son agressivité débridées.

Notre expérience de relations approfondies sur une longue durée avec de nombreux psychopathes nous autorise à affirmer **qu'à l'exception d'un seul (sur lequel nous reviendrons), tous les symptômes décrits par Freud et Abraham dans les états maniaco-dépressifs se retrouvent en psychopathie.** « La haine, la rage et l'absence d'espoir », caractéristiques de la mélancolie comme l'exaltation et la revendication maniaque, sont le lot quotidien du psychopathe. Mais si les symptomatologies semblent concorder, qu'en est-il de la psychogenèse de ces états ?

Selon Abraham, la psychose maniaco-dépressive est la conséquence d'une « cruelle déception amoureuse » subie avant la période œdipienne. Elle sera revécue ultérieurement, à l'occasion d'un deuil, d'une perte ou de toute forme de situation où l'on est victime « d'un préjudice, d'une humiliation, d'une déception » (Freud). Le nouvel événement traumatique, en répétant la situation initiale, provoquera l'effondrement dépressif du sujet qui régressera au premier stade de la libido, qu'Abraham appelle sadique oral ou cannibalique(1). Le déprimé tentera alors, en "incorporant" l'objet perdu, de le récupérer en lui. Freud remarque avec finesse que les auto-reproches sont en fait des plaintes adressées à l'Autre par celui qui est devenu lui-même cet objet déchu. « L'ombre de l'objet étant tombée sur le moi », le mélancolique tirera donc son plaisir des traitements sadiques qu'il peut faire subir à cet Autre qui se confond maintenant avec lui-même.

Comme nous l'avons fait constater à maintes reprises dans ce livre, le sadisme du psychopathe n'a rien à envier à celui du mélancolique. Nous avons également repéré dans leur anamnèse la présence indiscutable de cette déception primordiale réalisée par la rupture du lien ou sa modification mortifère. La clinique psychopathique nous montre aussi qu'un abandon vient rarement seul : on voit fréquemment la famille nourricière ou adoptive

(1) Abraham explique par cette régression au stade cannibalique le délire de lycantropie que présente parfois le mélancolique convaincu d'avoir été métamorphosé en un animal sauvage susceptible de dévorer les hommes. Souvenons-nous que Mesrine dans son autobiographie se compare volontiers à un fauve, « à un tigre assoiffé de férocité ». Il avoue avoir eu la tentation de « tuer avec les dents » des policiers haïs.

débordée par le comportement caractériel de celui ou de celle qu'elle avait jadis accueilli(e) avec ferveur, le rejeter à l'orée de l'adolescence. Elle accomplirait ainsi, sans le savoir, l'acte inducteur de la mélancolie selon Abraham en désillusionnant à nouveau celui qui avait été déçu précocément et cruellement par ses parents. De même, les rechutes d'un Mesrine furent déclenchées par les rejets des deux patrons des milieux professionnels qui avaient su l'accepter pour un temps.

Force nous est faite d'admettre **que tous les facteurs invoqués par les théoriciens de la psychanalyse pour rendre compte de la psychogenèse de la psychose maniaco-dépressive sont présents dans l'histoire du futur psychopathe.** La lecture des textes freudiens fournit d'ailleurs une confirmation indirecte à notre constat. Dans « Deuil et mélancolie », Freud utilise le personnage d'Hamlet pour illustrer la thématique auto et hétéro-agressive du mélancolique type. Dans son dernier texte(1), le seul qui traite exclusivement de la psychopathie, Hamlet est diagnostiqué comme « un héros qui n'est pas psychopathe au départ mais qui le devient par la levée du refoulement d'une motion inconsciente chez nous tous refoulée, un des fondements de notre développement personnel ». A l'évidence, le désir de meurtre du père !

On dirait que le psychopathe réalise les méfaits et les forfaits dont le mélancolique s'accuse sans les avoir commis. Peut-on essayer d'articuler plus précisément ces deux formes de pathologies que la psychiatrie et la théorie analytique n'ont guère rapprochées jusqu'alors ?

L'étude du seul symptôme manquant en psychopathie permet de comprendre par quel moyen le psychopathe a échappé à la psychose dépressive. On ne retrouve jamais en psychopathie le délire d'auto-accusation et de culpabilité qui donne à la mélancolie son caractère spécifique. A l'inverse, l'absence de remords et de culpabilité après l'acte délictueux constitue même un des critères principaux qui fonde ce diagnostic. Nous avons vu que l'*acting* était l'instrument qui permettait au psychopathe de sauvegarder son homéostasie psychique. Nous pouvons ajouter maintenant qu'il est aussi au sens propre du mot son garde-fou. Selon nous, **le psychopathe échapperait à la folie sous sa forme maniaco-dépressive parce qu'il a acquis le pouvoir d'agir sa haine sur la**

---

(1) Personnages psychopathiques à la scène.

société au lieu de s'en culpabiliser jusqu'au délire. La psychopathie serait en quelque sorte une "mélancolie agie", une psychose maniaco-dépressive avortée, toujours susceptible de se déployer et d'entraîner d'une autre manière le sujet dans la mort[1]. A moins que le maniaco-dépressif ne se transforme en psychopathe pour « sortir du délire » ?

DOMINIQUE OU LA FAILLLITE DE L'ÉLABORATION PSYCHIQUE

Il y a longtemps déjà, j'ai reçu une lettre de Fresnes, où Dominique m'exprimait ses regrets d'être contraint d'interrompre la psychanalyse qu'il poursuivait avec moi depuis plus de cinq ans. Il indiquait, sans donner de détails, le motif de son incarcération : homicide volontaire, et ajoutait qu'il comprendrait parfaitement que son courrier reste sans réponse en raison de l'horreur et du mépris que son geste ne manquerait pas de m'inspirer. Il assurait aussi conserver la tête haute et supporter la détention sans trop de difficultés.

Après lui avoir demandé son accord, j'obtins un permis de visites et à la première d'entre elles, il m'instruisit de son affaire. Il s'était rendu au Bois de Boulogne pour avoir un rapport sexuel avec une prostituée et avait jeté son dévolu sur une professionnelle qui travaillait en voiture. Après quelques caresses, il avait brutalement réalisé avoir affaire à un travesti ; s'ensuivit un échange d'injures, de menaces et de coups, puis Dominique s'éloigna dans l'idée de rejoindre son propre véhicule. C'est alors que soudainement sans l'avoir prémédité, ni vraiment l'avoir voulu, il sortit son couteau, se rua sur l'homme qui l'avait mystifié et le poignarda. Sans plus s'occuper de sa victime, qu'il croyait seulement blessée, il s'enfuit sous les jets de pierres d'autres travestis. Pris en chasse par un car de police qui patrouillait dans le secteur, il fût arrêté et apprit à l'issue de sa garde à vue que son acte était un meurtre.

Dans le récit qu'il me fit, nulle trace de remords ou de culpa-

(1) G. Pascalis, dans le numéro *Confrontations psychiatriques consacrées aux psychopathies* écrit du psychopathe : « A terme, malgré une apparente guérison, peut éclore une psychose maniaco-dépressive. »

bilité ; son geste ne l'empêchait ni de dormir ni de rêver. Il était même délivré des angoisses qui l'avaient conduit à l'analyse, comme s'il avait tué les fantasmes du passé en même temps que le travesti du Bois de Boulogne. Tel qu'il me l'a relaté, son acte présente la soudaineté et la brutalité des agirs psychopathiques et correspond à ce moment de bascule du symbolique dans le réel où il devient impossible au sujet de métaboliser ses tensions par la voie psychique. Au bout de quel parcours Dominique en est-il arrivé là ?

Environ six ans plus tôt, Dominique avait eu recours à la psychanalyse pour se débarrasser d'une timidité paralysante qui, selon son expression, faisait de lui un infirme social. Il dépensait depuis des lustres, chaque jour, des prodiges d'énergie pour éviter de rencontrer ses collègues à la cafeteria ou dans les transports en commun, à cause de l'angoisse que lui déclenchait toute conversation qui pourrait aborder un sujet personnel. Sa peur se transformait en panique lorsqu'il s'agissait d'entrer en relation, si superficielle fût-elle, avec des femmes, en dépit du désir qu'il en avait. Une force irrépressible le maintenait constamment dans sa réserve et il en était très malheureux.

Quatre années de travail analytique mirent en évidence les mécanismes d'une névrose obsessionnelle sur laquelle l'interprétation n'avait pas de prise : nulle modification de la thymie, Dominique restait l'esclave de ses attitudes compulsives d'évitement. Il disait tout comprendre et me reprochait que cela ne lui serve à rien.

La peur était sa compagne de toujours, car sa mère lui avait inculqué sa propre notion du danger l'obligeant à considérer comme ennemis potentiels tous ceux qui n'étaient pas des familiers de la maison. Elle l'avait aussi dépossédé de son droit à une vie privée, le forçant à vivre sans trêve sous son regard et lui déniant le droit d'avoir des secrets. Enfin, à l'adolescence, elle s'était avec violence insurgée contre les premiers émois sentimentaux et sexuels de Dominique. Il vouait à ses parents des sentiments de haine et de mépris : haine pour le mal qu'il les accusait de lui avoir fait par leurs préjugés stupides, leur affection tyrannique et l'égoïsme de leurs pratiques éducatives ; mépris, car ils étaient tous deux des personnages déchus : la mère du fait de son alcoolisme, le père pour son habituel comportement démissionnaire en dépit de ses rares attitudes de prestance. Il avait coutume de répéter : « Si ce n'étaient pas des malheureux, je dirais que ce sont des monstres. »

Il fut rapidement incontestable que Dominique avait un lien œdipien extrêmement fort avec sa mère: surinvesti par elle (sur un mode, il est vrai, assez ambivalent, puisqu'elle désirait que ce deuxième et dernier enfant fût une fille), il se sentait obligé d'obéir à ses diktats, ce qui lui permit une réussite sociale tout à fait satisfaisante, mais lui interdit, dans le même mouvement, de nouer des relations affectives. Culpabilisé par cet amour dénégué et tyrannique, il avait pour son père des sentiments agressifs, liés notamment à son incapacité d'assumer le rôle d'interdicteur de l'inceste. Mais, là encore, l'ambivalence était au rendez-vous, car il existait entre père et fils une certaine complicité et Dominique avouait ne pouvoir s'empêcher de l'aimer tout en lui reprochant l'affection qu'il lui portait et l'esclavage dans lequel le tenait sa mère.

Peu à peu, les affects transférentiels s'inscrirent dans le registre négatif avec de fréquentes remises en question de l'efficacité du processus analytique ou de ma compétence et de mon honnêteté. Les résistances de Dominique semblaient s'accroître au fur et à mesure du développement de la cure en même temps que se renforçaient ses angoisses qu'il qualifiait lui-même de rempart contre la folie. Comme Abraham, j'étais témoin de « la lutte constante (de ce patient) contre la réalisation du crime œdipien. [Sa] peur témoignait de ses impulsions, mais simultanément de ses inhibitions toujours prévalentes[1]. L'ambivalence des sentiments qu'il me portait reflétait l'insoluble conflit haine-amour où nul espoir de réconciliation avec lui-même ou l'objet ne se profilait. Dans ce contexte, quatre ans après le début de son analyse, je partis en congé d'été. Un mois plus tard, Dominique me demanda de le recevoir en urgence, bien avant la date prévue de reprise des séances.

Il sortait de l'hôpital psychiatrique où il avait été admis en urgence. Quelques jours après mon départ, il avait senti une force irrépressible le pousser à parcourir seul le chemin de la psychanalyse, c'est-à-dire effectuer plusieurs pélerinages sur les lieux de son enfance, en particulier la maison de campagne, témoin de ses chagrins et de ses hontes. Il s'était rendu également au cimetière sur la tombe de ses grands-parents, était rentré par effraction à l'école primaire et au lycée qu'il avait fréquentés autrefois. Il

(1) Abraham, *Œuvres complètes,* tome 2, p. 294. Payot, 1973.

n'éprouvait plus le besoin de dormir et ressentait sans trêve une grande exaltation car il avait compris qu'il lui était donné de transcender les lois de la nature.

Un soir de manifestation, il se précipita vers les forces de l'ordre pour communiquer aux agents tout ce qu'il ressentait et les remercier d'exister. Les policiers crurent d'abord à une agression et le maîtrisèrent non sans quelques coups, puis le conduisirent à Sainte-Anne. La phase d'excitation aigüe dura peu et un certain degré de critique se fit jour. Dominique semblait évoluer favorablement : il ne retrouva pas ses blocages et se mit à rechercher le contact d'autrui.

Sa production onirique était très riche et de tonalité heureuse, contrairement à ce qui se passait auparavant. Ainsi fit-il "le rêve du Père" : « Il arrive sur un grand cheval, m'emporte avec lui et me fait don du monde... Je n'avais jamais compris avant ce jour qu'Il était un Seigneur ». Dominique attendit alors avec impatience le "rêve de la Mère" (qui n'arriva pas).

Il se réjouit de la disparition de son érythrophobie et courtisa pour la première fois une jeune fille qu'il estimait et qui accepta de sortir avec lui. Mais lors de cette première soirée refluèrent en masse les inhibitions et angoisses de jadis auxquelles s'ajouta un sentiment d'indignité qui le rendit impuissant. Les jours suivants, il avait perdu toute confiance en lui, notamment dans le secteur qui avait toujours été préservé, celui de la réussite professionnelle.

Inquiète devant ce virage thymique, je l'ai poussé à retourner à l'hôpital où il ne fut pas réadmis, mais le soir de la consultation, il fit une grave tentative de suicide : cocktail médicamenteux et gaz. Il ne dut sa survie qu'à l'explosion qu'il déclencha par inadvertance en voulant allumer sa dernière cigarette. Il fut conduit en réanimation dans un état grave.

Une fois guéri de ses blessures et sorti de l'hôpital psychiatrique, Dominique, réputé stabilisé sous chimiothérapie (neuroleptique et lithium), reprit le rythme des séances. Leur tonalité se caractérisait par une extrême dépréciation de lui-même à la limite de la culpabilité délirante. L'humanité entière ne pouvait avoir que du mépris pour un lâche. En cinq ans d'analyse, il n'avait pu révéler le secret honteux qui fondait cette certitude : à deux reprises, au début de l'adolescence, il avait été témoin d'une agression et s'était enfui en ignorant les appels au secours de la victime. Ainsi s'était-il rendu complice d'un crime : viol sûrement, meurtre peut-être[1]. Parallèlement s'instaurait un certain processus de dégradation sociale : relative désinsertion professionnelle, alcoolisme solitaire ou de bistrots minables, car à condition de fréquenter des gens qui lui inspiraient un certain mépris, Dominique pouvait entrer en relation et savourer sur un mode masochiste sa propre dévalorisation, qu'il assimilait à la déchéance maternelle. Sa relation à l'analyste était redevenue ambivalente après une phase brève de transfert positif. Il prenait plaisir à épingler mon impuissance, mais en même temps, il recherchait une protection, et la cure lui semblait l'ultime rempart contre le suicide. Toutefois, à l'inverse des années précédentes, il avait maintenant l'expérience de l'agir.

S'étant un soir de beuveries fait voler huit cents francs par un Arabe, il n'eut pas le courage de lui administrer une correction, mais acheta un couteau. Il avait acquis la conviction qu'on ne règle pas ses comptes symboliquement. Un mois plus tard, il allait utiliser son arme.

Comme Jacques Mesrine qui a tué le passé de la femme qu'il aimait en assassinant ses proxénètes[2], Dominique a effacé son image de couard par le meurtre. Avoir agi sa haine le dispense désormais de la culpabiliser. Son acte criminel est aux antipodes de ses anciennes conduites névrotiques, mais le moment de bascule de son économie psychique se situe lors de la mutation qu'inaugura l'explosion maniaque et que compléta la phase mélancolique. Après avoir expérimenté le délire, la violence sur lui-même et n'en être pas mort, Dominique, impuissant à métaboliser les tensions par la voie psychique, est rentré dans l'univers psychopathique. Comment rendre compte au plan théorique de ce que nous avons repéré en clinique ?

APPROCHE THÉORIQUE : LE SCHÉMA QUATERNAIRE

Un schéma va nous permettre de préciser l'articulation des structures psychopathologiques dont nous venons de vérifier l'apparentement.

---

(1) L'existence de ce souvenir honteux évoque l'analyse que fait Freud du criminel par sentiment de culpabilité.

(2) « Est-ce lui que tu as tué fils, ou bien le passé de Janou ? » Cf. *L'instinct de mort.*

LE SCHÉMA QUATERNAIRE

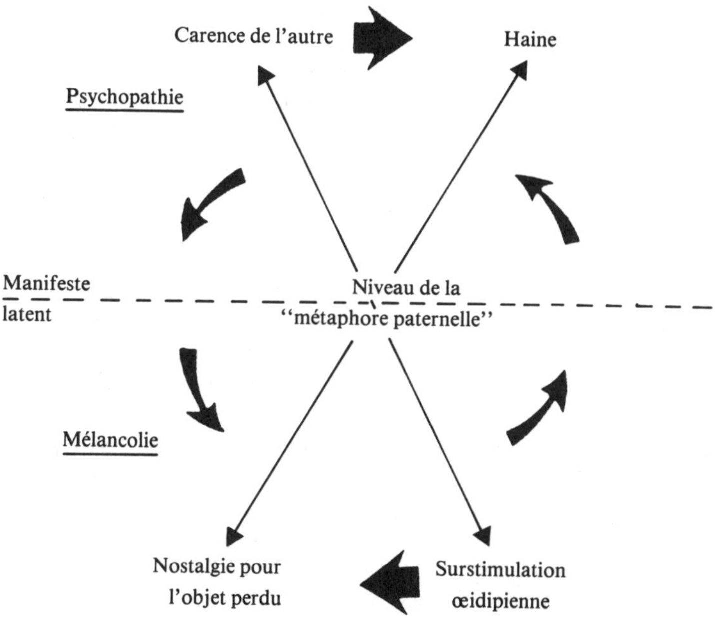

Ces quatre pôles sont constitués des occurrences psychogénétiques communes à ces affections, à savoir la carence de l'autre et la surstimulation œdipienne ainsi que des sentiments qu'elles ont induits en leur temps : haine et nostalgie irréductibles pour l'objet perdu. Le trait en pointillé figure la barrière qui sépare le manifeste du latent.

Le schéma représenté ci-dessus est en position psychopathique, c'est-à-dire que sont conscients et revendiqués la haine et la carence de l'Autre. Ce qui n'empêche pas la surstimulation œdipienne et la nostalgie pour l'objet perdu "invisibles" et déniguées d'exister et d'aimanter souterrainement la conduite psychopathique. Nous en donnerons au chapitre suivant une illustration éclatante en rapportant la saga de nos efforts thérapeutiques avec Arthur !

A l'inverse, dans la psychose maniaco-dépressive, ce sont les notions de nostalgie pour l'objet et de surstimulation œdipienne[1] qui sont manifestées et affichées bruyamment. Les analyses de Freud et d'Abraham ont permis d'authentifier la présence déterminante bien qu'inconsciente de la déception causée par l'Autre et de la haine qui en avait résulté. **Nous pouvons affirmer que psychose maniaco-dépressive et psychopathie se présentent comme des structures "en miroir". Le latent de l'une est le manifeste de l'autre et réciproquement.**

Peut-on se risquer à tenter d'expliquer "le choix" d'une des deux formes de pathologie ainsi rapprochées ?

Le schéma tout entier peut s'animer. Les branches comme les ailes d'un moulin peuvent tourner. L'une des occurrences psychogénétiques repérées ou l'un ou l'autre des sentiments qu'elles ont entraînés passeront alors du côté manifeste au versant latent et réciproquement. La dépression anaclitique de l'adulte que nous avons dégagée, ainsi que d'autres formes de dépressions non psychotiques et sans doute des états psychosomatiques, correspondraient à des rotations incomplètes de notre schéma. Dans tous les cas, Thanatos fournit l'énergie nécessaire au mouvement entropique de ces structures qui ont comme plus grand commun dénominateur ce que nous avons appelé "trou noir psychique"[2]. Selon nous, l'objet d'amour perdu dont le deuil est resté impossible fonctionnerait dans la psyché comme le trou noir dans le cosmos. Il retiendrait prisonnier la plus grande part des forces vives du sujet, alors que la haine y poursuit le rôle de la gravitation en détruisant souterrainement toutes les relations positives que le sujet essaye de lier avec autrui. Au stade actuel de notre recherche, nous ne pouvons émettre que de faibles hypothèses quant au rôle éventuel du niveau de la "métaphore paternelle" qui constitue le pivot, l'axe autour duquel peut tourner notre schéma. Si la faillite de la métaphore paternelle est patente, aussi bien dans la mélancolie qu'en psychopathie, l'étude à faire des conditions de possibilité et des niveaux d'intégration du surmoi paternel permettra-t-elle d'individualiser ces structures ? Pour le moment, nous ne pouvons fournir à la discussion que quelques proposi-

(1) Sur la surstimulation œdipienne chez le mélancolique, cf. Abraham, opus cité : « Je parlerais volontiers d'une disphorie originelle issue du complexe d'Œdipe du garçon », pp. 289-290.

(2) Cf. J.-P. Chartier, « L'analyste et le psychopathe », in *Les parents martyrs,* et *La vie, rien devant soi.*

tions sans démonstrations. A savoir : le psychopathe et le mélancolique sont tous deux placés sous la domination d'un surmoi archaïque particulièrement cruel et destructeur. Dans la psychose maniaco-dépressive s'ajouterait à cette influence primitive écrasante le poids d'un surmoi œdipien plus tardif, produit du déclin du complexe. La combinaison de ces deux surmoi particulièrement tyranniques interdirait alors au candidat à la mélancolie toute extériorisation du moindre affect de haine. L'idéal du moi qui a pu se construire maintiendrait alors le sujet dans la légalité sociale la plus stricte, au prix de sa santé mentale[1].

Le psychopathe qui n'a pas renoncé à la satisfaction de ses désirs œdipiens, de par la carence ou l'illégitimité de la position de son père, ne constitue pas un tel surmoi qui intègre les impératifs de la morale familiale ou sociale. S'il est à terme la victime probable de son surmoi positif, il s'identifie dans le quotidien à un "Moi-idéal" de toute-puissance narcissique que le défaut de métaphore paternelle a permis de pérenniser.

Comment "orienter" l'action thérapeutique avec un tel sujet ? Si les autres vecteurs (carence, haine, nostalgie, surprotection) de notre schéma se retrouvent aussi constamment dans les attitudes des équipes dites soignantes ou rééducatives, l'engrenage du schéma psychopathique avec le moulin thérapeutique de l'institution pourrait bien expliquer les effets de potentialisations mortifères auxquels nous assistons si fréquemment !

---

(1) La phase maniaque indiquerait la brutale décompensation de cet équilibre funambulesque vers le pôle psychopathique.

5

De l'agir à l'élaboration

Prisonnier de l'agir qui lui tient lieu de langage, avec pour seule revendication de poursuivre à son gré, hors la loi, sa vie marginale, exempt de toute demande de changement, inconscient de la causalité psychique des maux qui l'accablent, le psychopathe est, plus que tout autre sujet, rétif à quelque entreprise thérapeutique que ce soit. Il tient même la gageure de tenter d'établir avec lui les prémisses d'une telle relation, dans la mesure où il ne désire que profiter pleinement de son existence déliquante.

Serait ainsi laissé pour compte un pourcentage indéfinissable d'individus décrétés irrécupérables, que leur destin fait osciller de l'errance marginale à l'enfermement. L'ambition du corps social se bornerait à mettre hors d'état de nuire en les conservant dans les circuits répressifs où (selon les dires de l'intéressé) se forgent les Mesrine de demain.

Une alternative à l'incarcération est-elle possible ? Peu ou prou, ces questions agitent les consciences et trouvent un écho dans les lois de notre temps. Ainsi furent créées, depuis quelques années en Angleterre, pour les délits mineurs, des peines de substitution et, depuis peu en France, les travaux d'intérêt général[1].

---

(1) Travaux d'intérêt général : consiste en la possibilité laissée au magistrat de commuer une peine de prison en l'obligation faite au condamné de fournir un certain nombre d'heures de travail non rémunérées dans le cadre d'une collectivité locale ou d'une association d'utilité publique. Dans l'esprit du léglislateur, cette tâche doit obligatoirement revêtir un aspect éducatif.

TRANSFORMER L'INCARCÉRATION EN SOINS ?

L'Institut Philippe Pinel de Montréal : une approche institutionnelle originale du traitement de la psychopathie

Au colloque de Strasbourg, la communication de Marcel Courtemanche[1] sur le traitement des personnalités criminelles dont il dirige le programme, suscita intérêt passionné, discussions et controverses. Quelques mois plus tard, à son instigation, le docteur Beliveau[2] nous invitait à l'Institut Philippe Pinel de Montréal, centre hospitalier psychiatrique affilié à l'Université de Montréal et à l'Université Mc Gill, qui n'a aucun équivalent ni au Canada ni en France. En quoi donc est-il différent des sections psychiatriques spéciales que sont Henri Colin à Villejuif, Sarreguemines ou Cadillac ?

Si la population qui s'y trouve est majoritairement semblable : fous criminels et criminels fous, la démarche administrative qui y conduit est fondée sur des positions philosophiques antagonistes. En France, risque de s'y trouver placé pour un temps de durée variable le sujet interné dans un hôpital psychiatrique et qui commet un délit sérieux, le plus souvent une agression contre un membre du personnel. Dans ce cas, la mesure est disciplinaire, répressive et cherche à être dissuasive, car le régime y est réputé sévère, les malades récalcitrants en sont parfois menacés. J'ai ainsi vu l'an dernier un patient intellectuellement limité y être transféré pour avoir mis le feu au pavillon qu'il savait vidé de ses occupants pour travaux. Bien que sécuritaire, l'Institut Philippe Pinel est avant tout un lieu de soins. L'accueil de sujets dangereux justifie la stricte réglementation intérieure, notamment en matière de circulation du personnel et des bénéficiaires[3] et explique l'architecture générale de l'édifice pensé en raison d'impéra-

(1) Marcel Courtemanche, psychologue, adjoint au directeur des services professionnels de l'hôpital Philippe Pinel de Montréal. Communication in « Les actes du congrès Psychopathie et Société », organisé par l'association Accord et la Société européenne de sociologie, paru dans la *Nouvelle Revue de Psychologie,* n° 2-3, Strasbourg, 1985.

(2) Docteur Lionel Beliveau, directeur général et directeur des services professionnels de l'Institut Philippe Pinel de Montréal.

(3) Terme utilisé par l'administration pour qualifier les patients.

tifs de surveillance. Toutefois, dans la mesure du possible, les responsables ont évité tout ce qui rappelle la prison : les barreaux des fenêtres sont remplacés par des vitres incassables, les gardiens, sauf ceux de l'entrée, laquelle ne comporte pas de grilles, ne portent ni armes ni uniformes, la plupart d'entre eux ont été intégrés aux équipes soignantes avec le titre d'agent communautaire.

Les résidents disposent d'une chambre individuelle, petite mais confortable, qu'ils décorent à leur goût. Outre la radio mise à leur disposition, ils peuvent y détenir poste de télévision, magnétoscope et magnétophone personnel. Chaque jour, une communication téléphonique de quinze minutes et/ou une visite sont autorisées dans un parloir libre, qui s'ouvre sur un petit jardin intérieur. Il existe aussi des terrains de foot, basket et surtout hockey (sport national), une piscine ouverte, divers ateliers d'ergothérapie et de jardinage, un lieu de rescolarisation pensé à l'usage d'adultes, où une place importante est faite à l'ordinateur. Sports et travail manuel ou intellectuel entrent dans le cadre des activités prévues dans les programmes de traitement.

L'Institut Philippe Pinel reçoit pour près de moitié la clientèle classique de tout établissement "psychiatrique spécial" : délinquants en attente d'expertises qui établiront s'ils sont ou non accessibles à une sanction pénale, sujets reconnus irresponsables du fait de leur "état de démence" au moment des actes qui leur sont reprochés, prisonniers en phase de décompensation aigüe (bouffées délirantes ou épisodes paranoïaques), patients dont le signal symptôme fut une dangerosité subite en milieu familial ou hospitalier. Il comporte également un service d'adolescents placés sous mandat judiciaire.

Outre les conditions d'accueil identiques pour tous, la spécificité de l'Institut Philippe Pinel réside à notre avis dans les prospectives thérapeutiques offertes à l'autre moitié des bénéficiaires, "criminels non psychotiques" recrutés dans les pénitenciers sous le régime du volontariat, qui constituent l'effectif des départements borders lines[1], "détenus chroniques", "délinquants sexuels" et "criminels structurés". Chaque section applique un programme particulier généralement inspiré des méthodes com-

---

(1) Ce terme est à entendre non dans l'acception de pathologie "pré-psychotique", mais dans un apparentement à la psychopathie.

portementalistes. Plutôt que de revenir sur ces techniques dont nous avons fait la critique, nous exposerons l'abord phénoménologique existentiel et cognitif tel qu'il se pratique au département B2.

Novembre 1984, nous franchissons pour la première fois le seuil de Pinel. Guidés par Marcel Courtemanche, nous effectuons la visite des installations communes et en apprécions la qualité. Nous échangeons quelques mots avec les responsables d'ergothérapie qui nous expliquent les fonctionnements et les ressorts de la pédagogie mise en œuvre : chaque patient, après une période d'observation variable, choisit librement une à deux activités parmi celles qui lui sont proposées. Une fois sa décision arrêtée, sa participation régulière à un cycle complet devient obligatoire, s'y soustraire équivaudrait à un refus de traitement dont les conséquences peuvent aller jusqu'au renvoi en pénitencier de ceux dont le séjour est fondé sur le volontariat. A cette différence près, le fonctionnement des ateliers : poterie, travail du bois et du fer... est sensiblement le même que celui de leurs homologues français. En revanche, la rescolarisation, voire l'alphabétisation imposée à la majorité des résidents, met en œuvre des moyens audiovisuels et informatiques impressionnants.

Puis nous arrivons au B2, où nous accueille, autour d'un café, l'équipe pluridisciplinaire : psychologues, criminologues(1), infirmier(e)s, agents communautaires installés dans un bureau vitré où trône une console électrique qui commande l'ouverture et la fermeture de toutes les portes de l'étage.

La conférence de Strasbourg nous avait un peu familiarisés avec les fondements théoriques de ce programme qui, du point de vue philosophique, s'inspire de la phénoménologie de Husserl et de l'Existentialisme préfiguré par Kierkegaard et Heidegger avant d'être élaboré par Jean-Paul Sartre. Sur le plan méthodologique, la partie engagée avec le bénéficiaire vise à lui faire découvrir la structure de sa conscience, et par là-même, le mettre en possession de ce qu'il est, pour qu'il assume la responsabilité totale de son existence. Cette conception minimise le rôle des déterminismes internes et externes, dans la mesure où elle ne considère pas le

(1) Les criminologues sont des travailleurs sociaux qui suivent une formation spécialisée dans la prise en charge des délinquants. Ils assurent notamment les rapports avec les magistrats, les contacts avec les familles de prisonniers et jouent un rôle lors des mises en liberté conditionnelles et/ou définitives.

sujet comme produit des forces de l'inconscient ou de l'environnement, mais comme le résultat de ses propres choix et de sa façon d'être-dans-le-monde.

La démarche pragmatique, c'est-à-dire la construction du programme, s'appuie pour une part sur les travaux de Yochelson et Samenow(1) (2), élaborés aux États-Unis à partir d'une pratique de quinze années auprès de délinquants. Ces auteurs récusent la maladie mentale comme facteur étiologique de l'associalité et refusent de s'embarrasser de la recherche des causes psychologiques ou sociologiques des comportements déviants. Le processus thérapeutique cognitif qu'ils adoptent se fonde sur l'effort pour savoir qui est la personne et quel est son niveau de responsabilité : pour y parvenir, ils préconisent d'explorer comment s'est déroulé son parcours, et non pourquoi tel chemin a été suivi (sur ces points, leur démarche est identique à celle de William Glasser). Ils analysent la délinquance comme conséquence "d'erreurs de pensée", sorte de trouble du jugement qui engendre une pensée (nous dirions plus volontiers un mode de penser) criminel(le) notamment caractérisé par :

- la recherche effrénée du plaisir, de l'excitation et du pouvoir ;
- l'exaltation mégalomaniaque et la perception grandiose de soi-même dans une identification héroïque, contrastant avec le sentiment constant de préjudice et la position de victime qu'ils adoptent ;
- l'intolérance à la frustration avec tendance aux manifestations violentes non contrôlées ;
- la mythomanie ;
- une forme de pensée égocentrique concrète et fragmentaire...

Cette liste non exhaustive recouvre les manifestations fréquemment observées (d'autres, non moins importantes, sont davantage cryptiques). Ainsi, dans cette approche, la criminalité est-elle envisagée comme le résultat d'une façon de penser où s'origine un modus vivendi hors-la -loi, régi par le seul principe de plaisir.

L'originalité de la conception de Yochelson et Samenow, par rapport aux théories de Glasser, réside dans l'importance accor-

---

(1) Yochelson et Samenow S.E., *The Criminal personnality* : a Profil for Change. Jason Aronson, New-York, 1976.

(2) Yochelson et Samenow S.E., *The Criminal personnality* : the Change Process. Jason Aronson, New-York, 1977.

dée à l'histoire individuelle du sujet. En effet, ils affirment que les "choix criminels" (dans l'acception qu'ils donnent à ce terme) commencent tôt dans la vie, et qu'on peut ainsi à bon droit parler d'enfants criminels (notion que M. Courtemanche rejette d'emblée). L'indignation soulevée dans le public américain par ces propos n'est pas sans rappeler les tollés que valut à Freud sa définition de l'enfant pervers polymorphe. Leur théorie s'éloigne également de la *Reality Therapy* par l'introduction de la notion de structure psychique, puisqu'ils considèrent que la personnalité ne saurait se réduire à une addition abstraite de symptômes fortuits, mais qu'elle constitue un ensemble indécomposable dont chaque élément ne vaut que par rapport aux autres. La somme de ces considérations philosophiques et cliniques est à l'origine de la construction du programme B2, mais avant de le découvrir en détail, faites comme nous la connaissance de deux bénéficiaires en début de traitement.

Hubert a trente-deux ans, il purge depuis huit ans une peine de prison pour meurtre avec préméditation. Demain, je prendrai connaissance de son dossier, aujourd'hui je ne sais rien de lui, sinon qu'il est en phase d'évaluation dans le département B2. Il ne manifeste ni gêne ni réticence à mon égard, témoigne au contraire de son désir d'être définitivement admis dans le programme dont il attend "tout" et brosse un portrait lyrique de ses projets de réhabilitation : réconciliation avec sa mère, mariage et paternité, exercice d'un métier honnête... dans cinq ans ! Car, condamné à perpétuité, il ne peut espérer de libération conditionnelle avant cette échéance. Sympathique, ouvert encore qu'un peu honteux, il me conte son histoire.

Second d'une fratrie de quatre, il garde de sa petite enfance le souvenir tenace des hurlements et des coups reçus lors des fréquentes beuveries paternelles. Sa famille a toujours vécu de manière précaire ; le père, bûcheron de son état, connaissait de longues périodes de chômage. Il finit par prendre un poste de videur dans une boîte de nuit et son alcoolisme empira au point de conduire les services de protection de la jeunesse à effectuer le retrait des quatre enfants. Ainsi, à neuf ans, Hubert fût-il placé en "classe de réforme" où, selon son expression, il continua de "manger des taloches". Il souhaitait avant tout retrouver sa mère ; malgré son divorce elle ne le reprit pas car elle avait, à son tour, sombré dans l'éthylisme.

En dépit de son incontestable intelligence, Hubert fit une scolarité lamentable dont il conçût une profonde amertume et attribua les résultats aux défaillances et à l'animosité du corps enseignant, de même qu'il prit pour une manifestation de vindicte personnelle de l'assistante sociale et du juge son maintien dans l'internat qu'il détestait. Jamais il ne s'est plu dans un groupe ; à l'en croire, il y a toujours occupé une place de bouc émissaire, puni dès qu'une bêtise anonyme était commise. Ses éducateurs n'ont pas voulu comprendre qu'il ne recherchait le rôle de leader que par peur des brimades, et l'ont considéré comme une forte tête à mater.

A dix-sept ans toutefois, un tournant semble se produire, après un séjour en province chez un de ses oncles où il passe « les meilleures vacances de sa vie ». Il revient métamorphosé et se met à travailler d'arrache-pied français et mathématiques. Il décroche son diplôme de fin d'études générales et chacun crie au miracle. C'est qu'Hubert a découvert sa vocation, il veut comme ses deux cousins entrer dans la police montée (dénomination populaire signifiant la gendarmerie royale du Canada). Il a pour la première fois une motivation personnelle pour les études et l'insertion sociale. Majeur l'été suivant, il passe quelque temps chez sa mère et lui fait souvent ses courses en voiture. A la ville voisine, il fréquente une petite amie et prépare le concours qui lui permettra d'aller chez les cadets. Le décès, survenu à quelques mois d'intervalle de ses deux frères, l'un accidentel, l'autre par suicide, ne l'affecte pas. « C'était des étrangers, comme sa sœur qui est partie à l'autre bout du pays et n'a revu personne. » Hubert est tout à ses projets et à sa bluette sentimentale.

C'est dans ce contexte que survient le moment de bascule qui précipite Hubert dans la vie délinquante : un jour, à son habitude, il emprunte la voiture maternelle, non pour quelque achat en ville, mais dans l'intention de passer la soirée avec son amie. Sur le chemin du retour, à minuit, il est arrêté par un barrage de police, sa mère, une demi-heure plus tôt, ayant porté plainte pour vol. Le garçon s'explique, montre permis et papiers en règle. Par acquit de conscience, les gendarmes passent un coup de téléphone au domicile pour rassurer la plaignante : « Votre voiture est retrouvée et votre fils sera chez vous dans dix minutes » et la mère de répondre : « que ce soit mon gars ou pas, il n'avait pas à chauffer mon car sans ma permission. » Hubert passe la nuit en garde à vue et écoppe d'une condamnation pour vol. Les carrières de la police et de l'armée lui sont définitivement fermées du fait de l'agir vengeur maternel.

Dès lors, Hubert vit d'expédients, de petits boulots, s'installe chez son amie qui touche un salaire fixe. Quelques mois plus tard, il l'épouse, car elle est enceinte, "genre de mariage tôt fait, tôt défait", bien qu'il adore sa fille dont il me montre la photo de bébé qu'il garde dans son portefeuille. Toutefois, il ne s'en occupe guère, préfère traîner dans les bars que de rentrer chez lui. Il rend sa femme, au même titre que sa mère, responsable du naufrage de son existence. Des disputes de plus en plus fréquentes éclatent et bientôt les coups pleuvent. Le couple se sépare. Hubert ne cherchera même pas à revoir l'enfant.

Il fréquente les quartiers mal famés de Montréal, touche à la drogue et se lie avec le milieu. Tout d'abord, il ne participe pas vraiment aux "casses" et se contente de servir de chauffeur aux truands, ce qui lui vaut néanmoins sa première peine de prison ferme pour complicité. Il y fait ses classes, les "durs" qu'il côtoie ne tardent pas à le considérer comme un égal. Dès sa libération, il prend, avec ses nouveaux amis, une part active à des hold-up et c'est lors d'une attaque à main armée qu'il "tombe" pour la deuxième fois, avec une condamnation bien plus lourde. Au pénitencier, il se lie avec un gangster qui lui promet d'assurer son avenir. Et, de fait, à sa sortie, il l'attend et l'associe à ses affaires. Mais une rivalité profonde naît entre les deux hommes et se transforme vite en haine inexpiable. Persuadé que l'autre veut le liquider, Hubert décide de prendre les devants. Comme Mesrine, il creuse la tombe de sa victime dans un bois, s'arrange pour l'y conduire et l'exécute de sang-froid, crime parfait dont il ne peut s'empêcher de parler à sa compagne du moment qui le dénoncera.

Avant son jugement, Hubert fut déclaré responsable de ses actes, encore que fût invoqué un motif d'irresponsabilité pour fait psychiatrique, mais l'expert avait conclu qu'« il s'agissait d'un genre de paranoïa qui se développe chez une personne en santé quand, se sachant seul sur une île, elle s'aperçoit bientôt qu'elle est peuplée de lions affamés ». Le jury ne retint nulle circonstance atténuante et prononça une sentence à vie(1). Après plusieurs années de réclusion, Hubert s'est porté volontaire pour la réhabilitation dans le cursus proposé par Pinel. Considéré après examen clinique et psychologique comme personnalité criminelle

(1) Ce qui, par le jeu des remises de peines, le rend éligible à une libération conditionnelle après dix ans de réclusion ferme en établissement pénitentiaire.

potentielle, il a été accepté.

Lionel, vingt-trois ans, est condamné à quatorze ans, huit mois et dix-huit jours. Il porte beau. Averti de notre rencontre, il avait prétendu devoir se rendre aux toilettes afin de se raser et de se changer. Très costaud, son regard fixe et glacé m'évoque irrésistiblement Rocky et autres professionnels du crime que j'avais fréquentés. D'emblée, il me provoque : Qui doit interviewer l'autre ? » Après ma proposition de nous tutoyer et de nous appeler par nos prénoms, il commence à se raconter. S'il ne garde nul souvenir des nombreuses écoles fréquentées dans son enfance et dont il s'est fait régulièrement renvoyer, sa mémoire est sans défaut sur l'histoire de sa délinquance : très jeune, il volait de l'argent dans le portefeuille de son père : « Il le savait, mais ne me disait rien. Quand on m'accusait, je niais et de toute façon, l'argent était perdu pour tout le monde. Quoiqu'on eût pu dire ou faire, je ne l'aurais jamais rendu. Ma mère me donnait bien des volées, mais rien de grave, tout juste des coups de ceinture ! » A ma question « pourquoi as-tu été si tôt poussé à manquer de respect à ton père ? », il se récrie puis me fait le portrait d'un parent modèle qui ne buvait pas et n'hésitait pas à aller travailler six mois par an dans l'Ontario pour que sa famille ne manque de rien. Éducateur non directif, il se contentait de sanctionner les incartades et chapardages de l'enfant en lui disant : « Tu trouveras un jour plus gros et plus fort que toi ».

Quand Lionel dépassait les bornes, il en parlait à son épouse, qui lui appliquait alors les fameux coups de ceinture. Bref, il avait eu comme Jacques Mesrine un père bonhomme, absent, faible et soumis à sa femme, celui qui dépose chez le futur psychopathe les fondations de sa façade de surcompensation virile.

Et Lionel devenait un caïd. A l'école, il se devait d'être le plus fort en sport : « Pour gagner, je rusais. Je faisais semblant de boîter avant la course, ou bien je me laissais exprès distancer tous les jours de la semaine pour les coiffer tous au poteau le dimanche ». Il reste convaincu que personne ne l'égalait.

Très jeune, il expérimenta son pouvoir sur autrui par la violence ; lorsqu'il avait onze ans, un camarade plus âgé avait, selon ses dires, manqué de respect à sa sœur et refusait de s'excuser. Lionel revint avec une batte de base-ball et lui brisa d'un coup les deux genoux. Six mois plus tard, il le rencontra marchant avec ses béquilles : « Vas-tu t'excuser cette fois ? » L'autre s'exécuta et Lionel commenta : « Tu as bien fait, sinon ça aurait été pire pour toi ». A quatorze ans, rendu furieux par une gifle de son frère aîné, il attendit la nuit pour lui planter, pendant son sommeil, trois fléchettes dans les jambes en l'avertissant : « Si tu recommences à me gifler, je ne te tuerai pas, parce que tu es mon frère, mais tu seras à l'hôpital pour longtemps ».

Peu après sa majorité, se posant en ennemi de la société, il entreprend de délivrer d'un petit pénitencier provincial un détenu qu'il ne connaît même pas, pour le plaisir de « braquer des policiers et de faire des coups d'éclats ». « Quand je risque ma vie, je ressens une excitation que rien d'autre n'a pu me procurer. »

En prison, il se pose en champion de petits truands rackettés par un boss. Avec un couteau forgé à l'atelier, il le provoque, récupère l'argent dont il retient un pourcentage et se fait des obligés, des valets. Devenu plus tard le chef du trafic de drogue du pénitencier, il s'illustrera par des bagarres avec ses co-détenus.

Aujourd'hui, s'il feint de jouer le jeu de la réhabilitation, son but est d'apprivoiser le milieu et de rester le plus fort, c'est-à-dire qu'il aborde le programme avec son fonctionnement psychique habituel, à savoir une pensée criminelle, telle que définie dans la théorie phénoménologique existentielle cognitive. Toutefois, même les personnalités psychopathiques les plus archétypales connaissent des failles narcissiques. En fin d'entretien, Lionel me confie soudainement que jusqu'à la naissance de son fils, il y a juste un mois(1), il se croyait stérile. L'aveu d'une défaillance aussi intime m'a donné l'espoir dans la démarche thérapeutique entreprise dont il est temps d'expliquer le déroulement.

L'ensemble des pénitenciers du Québec constitue l'aire de recrutement des clients de l'Institut Philippe Pinel. Le département B2 retient comme critère de sélection une intelligence normale, une durée de peine résiduelle supérieure à trois ans (pour avoir le temps de mettre en œuvre le programme), l'existence d'une "personnalité criminelle" et une motivation suffisante de l'intéressé à changer de vie. Lorsque ces éléments paraissent réunis, une première rencontre a lieu au pénitencier en présence des membres du personnel qui ont instruit le dossier. Après deux ou trois entretiens, s'ils peuvent établir les bases d'un contrat de traitement, l'impétrant est admis à Pinel en phase d'évaluation.

---

(1) Au Canada, des possibilités de rencontre sont données dans certaines conditions aux détenus et à leurs conjoints.

Qu'on ne s'y trompe pas, cette période fait partie intégrante du traitement, même si elle n'en constitue que les prolégomènes[1]. A l'entrant qui arrive dans "toute sa splendeur" et compte bien mener sa "réhabilitation" comme tout ce qu'il a fait jusqu'à ce jour, à savoir sur le mode d'une "entreprise criminelle", le thérapeute demande simplement : « Raconte-moi ta vie, en partant de ton tout premier souvenir d'enfant, le plus lointain que tu peux ». Jour après jour, il va le confronter aux contradictions de son récit, et démasquer ses erreurs de pensée. Dans un premier temps, le résident ne sait faire preuve que de pseudo-collaboration et de pseudo-ouverture. Mais, insensiblement, se creuse une brèche dans ses certitudes narcissiques, que dévoilera une phrase du genre : « On ne peut tout de même pas dire que je n'ai jamais rien fait de bon dans ma vie ! »

Parallèlement, le bénéficiaire doit respecter les obligations institutionnelles, mais dans cette phase inaugurale de lune de miel, il en goûte surtout les avantages évidents sur la vie en prison. On le met clairement au courant des dissuasifs majeurs dont la transgression entraînerait son renvoi au pénitencier et, parfois, il prend peu à peu conscience de l'existence d'autres dissuasifs, internes ceux-là, qu'il avait jusqu'alors méprisés... Nous sommes cependant loin de l'intériorisation de l'interdit ; il s'agit simplement de se conformer, de manière superficielle, aux règles en vigueur, dans l'espoir d'en tirer bénéfice.

L'évaluation se poursuit plusieurs mois avant que le candidat soit admis dans le programme proprement dit ; son principe repose sur un travail personnel : la tenue sept jours sur sept d'un journal, relatant le plus précisément possible la vie de l'intéressé dans l'unité et les sentiments qu'il éprouve (ce qui permet au thérapeute de le confronter directement à ses propres pensées), et sur la participation pluri-hebdomadaire à des groupes de thérapie. Ils comprennent trois ou quatre patients à des phases différentes de leur traitement et le référent (éducatif ou infirmier) concerné. Chaque pensionnaire est invité à son tour à faire une lecture de son journal et une discussion générale s'engage. Séance après séance, le sujet sera contraint de se voir, non pas tel qu'il se décrit avec complaisance, mais de la manière dont il est perçu par autrui (ses co-détenus et le personnel). C'est ainsi qu'il atteint, avec le

(1) Cf. le travail de Marcel Thomas sur l'évaluation.

temps, "l'état zéro", phase dépressive caractérisée par trois composantes :

- la conviction d'être "un rien du tout, un zéro" ;
- l'idée que tout le monde partage cette opinion ;
- la certitude qu'aucun changement n'est possible(1).

Cette période cruciale est celle qui comporte le plus de risque de passages à l'acte auto et/ou hétéro agressifs, puisque l'intéressé est fondé à croire qu'il n'a plus rien à perdre. C'est aussi le moment où s'amorce le processus de guérison, car seulement alors peut s'élaborer une reconstruction de la personnalité, qui permet à l'ex-criminel d'intégrer les valeurs et de faire face aux exigences d'une vie responsable, dans le respect de soi et d'autrui. A ce stade du traitement, la thérapie individuelle vient compléter ou se substituer à la thérapie de groupe, toujours dans la perspective phénoménologique et existentielle.

Du début à la fin de ce parcours, l'entreprise thérapeutique repose sur la cohérence d'une équipe pluridisciplinaire dont les membres sont fermes, mais non dominateurs, fiables mais non dupes, capables d'empathie mais non de complicité, référence indispensable pour qu'un criminel mène à bien l'angoissante expérience du changement.

LE MALENTENDU PSYCHANALYTIQUE

La psychanalyse doit-elle se résigner à laisser à d'autres techniques le soin de traiter la psychopathie ? De par son origine et la nature même de son mode d'action, elle ne semble guère apte à faire franchir au psychopathe l'abîme qui sépare l'agir de l'élaboration. Chaque praticien a pu vérifier que la rencontre d'un adolescent réputé psychopathe avec un psychanalyste demeure une éventualité rare. Entreprendre une cure dans des conditions satisfaisantes reste pour l'instant exceptionnel(2)... Si toutefois sur-

(1) Pour les auteurs du programme, l'état zéro est le résultat d'une action thérapeutique. Ils considèrent comme psychopathe atypique les sujets qui d'emblée présentent une composante dépressive. Individus abandoniques gravement concernés, comme Hubert qui, un an après son admission fut retourné au pénitencier, suite à la transgression d'un "interdit" majeur : violence.

(2) Cf. la conclusion des « Transformations de la psychopathie », par Gilbert Diatkine.

vient une telle occurrence, elle risque de ressembler à un duel entre deux adversaires dont l'un ne dispose que de l'Agir signal de détresse et l'autre d'un langage incapable d'être entendu de patients qui habitent ces espaces de violence et de haine. La psychanalyse peut-elle relever un tel défi prélangagier, à quelle condition son efficacité se verra-t-elle, dans des cas heureux, confirmée ?

Pour Freud, il ne fait aucun doute que « la psychanalyse n'est pas le traitement de la dégénérescence psychopathique, c'est même là où elle se voit arrêtée ». L'auteur tient d'ailleurs à préciser que l'analyste se doit de « refuser les malades qui ne possèdent pas un degré suffisant d'éducation et dont le caractère n'est pas assez sûr »[(1)], Freud nourrissait une véritable aversion pour la personnalité psychopathique ; pour lui, comme pour l'écrasante majorité de ses successeurs, « la psychanalyse n'était pas faite pour les canailles ». Tout au plus, « elle permettait pour la première fois d'avoir un aperçu sur l'origine et le mécanisme des formes les plus graves de perturbations psychiques[(2)].

Impuissante à traiter les délinquants, la théorie analytique pourrait juste apporter des satisfactions intellectuelles au niveau de la compréhension des singularités cliniques de ces sujets.

Loin de contredire ces propositions, nous ajouterons qu'il existe un malentendu et même une double aporie entre l'analyste classique et le psychopathe : les paroles et les actes de chacun seront perçus par l'autre d'une manière qu'il ne peut que récuser[(3)] :

- demander à un psychopathe de respecter scrupuleusement un contrat (rythme et horaire de séances), de ne pas mentir (tout dire), de se plier à la règle fondamentale qui implique de ne pas agir ses pulsions, n'est-ce pas à l'évidence supposer son problème résolu ?

- exiger d'un analyste qu'il quitte sa neutralité bienveillante, qu'il accepte de se départir de sa théorie ou de son exercice habituel, c'est lui demander de renoncer à son identité d'analyste. N'est pas Aïchorn qui veut ! L'analyste qui se risque à vivre une aventure thérapeutique avec un psychopathe sera évidemment

---

(1) « De la psychothérapie », in *La technique psychanalytique,* PUF, 1953.

(2) « L'intérêt de la psychanalyse », in *Résultats, idées, problèmes,* PUF, 1984.

(3) Cf. « L'analyste et le psychopathe, J.-P. Chartier, op. cit.

mortifié par ce "mauvais" client qui refuse en bloc son savoir, sa technique, son statut et sa personne. Il risque aussi d'être mortifère. Quelques échecs de notre pratique professionnelle nous ont permis de comprendre que ces patients hors normes mettaient leur vie en jeu dans leur relation avec nous, ce fut malheureusement le cas d'**Yvain,** un jeune homme de vingt-sept ans qui m'avait été adressé au dispensaire.

Mais que fallait-il faire avec Yvain ? Yvain est le fils présumé d'un fonctionnaire et d'une autochtone d'un pays jadis colonisé. Très jeune, il fut confié à des institutions spécialisées : il essaiera sans trêve de s'en échapper. Elles finiront par le renvoyer. Depuis, désœuvré, il chasse les punks pour enflammer à l'alcool à brûler leur chevelure multicolore peignée en crête. Impuni, il lui arrivera de demander de se faire incarcérer pour un délit qu'il n'avait pas commis. A sa sortie de prison, une éducatrice qu'il avait rencontrée dans un foyer le persuada d'entreprendre une thérapie avec moi. Il occupait alors ses journées à se saouler, à se droguer, à voler des disques dans les supermarchés. Il s'était ainsi composé une discothèque classique d'une exceptionnelle qualité, contenant en particulier les innombrables versions de la neuvième symphonie qu'il adorait. Autodidacte génial, Yvain fit en quelque sorte mon éducation musicale le temps que durèrent nos entretiens. Promu par son enfance maître dans "l'art de la fugue", je savais qu'il pouvait soudainement disparaître pour de longues périodes d'errance et de délinquance. Alors que j'étais sans nouvelles de lui depuis plusieurs mois, il m'écrivit une lettre de dix pages qui commençait ainsi :

« Raconte, raconte aussi loin que tu le pourras. Je ne crois pas me souvenir de grand chose, sauf peut-être de quelques événements que je ne suis pas prêt à vous dire (par pudeur sans doute). Je ne sais si vous me faites peur, mais vous les écrire me rappellerait une phrase que vous avez prononcée et qui m'effraie toujours : « Que voulez-vous raconter par écrit que vous ne puissiez me dire en face ? » Ici, il ne se passe pas une journée où je ne pense à vous et aux conséquences de mon absence à nos rendez-vous. Je ressens sans trêve le besoin de vous parler, de vous confier mes états d'âme. Mais n'est-il pas trop pour moi de vous prendre pour mon révélateur, mon double, mon miroir ? Vous voir me procure à chaque fois quelques minutes de tendresse, c'est pour en profiter que je suis toujours vivant... Je meurs d'envie de vous dire tout de suite les pires moments de mon enfance, de mon adolescence et de cet âge où l'on me dit adulte... Toutes ces frustrations qui m'ont fait perdre confiance en moi tout en me révoltant et en me durcissant jusqu'à me punir tout seul pour prouver que je ne dispose de rien, pas même de moi. » Sa lettre se terminait par : « Je vais cesser de vous tenir la jambe. Sachez que depuis quatre mois je travaille régulièrement et même assez durement et cela me surprend. Je vous téléphonerai mardi pour savoir si vous êtes toujours vivant. P.S. : Excusez-moi d'écourter si vite, mais je ne peux continuer ainsi. »

Aurais-je dû entendre l'avertissement implicite contenu dans son post-scriptum ? A l'époque, j'étais narcissiquement aveuglé par les progrès étonnants de ce patient. A la stupéfaction de son entourage, en moins de dix-huit mois, Yvain avait cessé de se droguer et de délinquer gravement. Il s'était mis à travailler comme cuisinier dans une collectivité ; son employeur envisageait même de lui donner une promotion. Devenu soucieux de rétablir la vérité historique de sa filiation, il partit interroger sa mère, qui vivait à l'étranger. Nous étions convenus qu'il me recontacterait dès son retour. J'espérais alors pouvoir terminer heureusement cette thérapie qui marchait si bien et m'avait apporté tant de "satisfactions personnelles". Je ne l'ai jamais revu. Son amie éducatrice m'apprit brutalement son suicide au téléphone. Une fois l'émotion apaisée, je réfléchissais. En entreprenant la cure d'Yvain, j'avais méconnu que l'acquisition d'une certaine habileté pratique dans l'accrochage et la poursuite d'une relation duelle assez stable avec ceux chez qui l'agir tient lieu de langage pouvait se solder par un bilan aussi dramatique pour eux. J'avais induit, à mon insu (du moins je l'espère), "une idéalisation passionnelle transférentielle".

Qu'est-ce à dire ? Depuis *Les destins du plaisir,* où Piera Aulagnier débusque sans concession l'asymétrie de l'excès de violence dans la relation analytique, l'analyste sait que la nature même de la situation et du processus de la cure peut « faire courir un risque passionnel à celui qui s'y soumet. Or, l'analyste, s'il est analyste, devra tenter par tous les moyens en son pouvoir d'éviter de se retrouver en cette position qui fait de son projet et de lui-même l'objet et le support d'une passion[1].

Mais cela est-il possible dans l'économie psychopathique où

(1) Piera Aulagnier, *Les destins du plaisir,* p. 223.

l'offre de soins psychologiques précède inévitablement la demande qui manque, où la neutralité bienveillante, vécue comme une marque d'hostilité, n'est pas supportée et où l'abstinence analytique, le refus d'intervenir dans la vie du patient, le fait passer à l'acte auto et hétéro-agressif[1] ?

Il nous faut aujourd'hui reconnaître que nouer une relation positive avec ce sujet cynique, plein de mépris pour notre technique et notre personne, implique de gros efforts de séduction. Tenter de rééquilibrer sa balance libidinale, si dangereusement déficitaire, contraint à faire preuve d'une disponibilité et d'une tolérance extraordinaire à son endroit. Si, et à ce prix, vous arrivez à maintenir un lien suffisamment stable avec le psychopathe, vous ne pouvez éviter de devenir pour lui un personnage unique, irremplaçable, une figure suridéalisée : la mère idéalement bonne, qui lui a manqué et dont il n'a jamais pu faire le deuil.

A ce contact, j'ai appris cette règle : **le passé carenciel transforme inexorablement la relation en passion, le transfert positif nécessaire à toute évolution en amour violent et aveugle.** Dans tous les cas, la mort peut être au rendez-vous.

Après les funérailles, je reçus l'amie d'Yvain : elle m'apprit que peu de temps avant son suicide, il avait recommencé à se droguer, dépensant en une nuit plusieurs mois de la paie qu'il venait de toucher. L'autolyse[2] d'Yvain se rapprocherait du *Seppuku,* le suicide rituel de celui qui a failli au Japon, et qu'on nomme communément *Hara Kiri* en Occident. Déchu par sa rechute toxicomaniaque, pouvait-il encore se présenter vivant devant ceux (et moi tout particulièrement) qu'il avait follement idéalisés ? A sa compagne qui le pressait de poursuivre son traitement, il a commencé par prétendre continuer de me rencontrer, puis acculé, il s'est tué.

---

(1) J'ai exposé dans « L'analyste et le psychopathe » (*Topique,* n° 26) les difficultés ordinaires que rencontre le soignant solitaire qui cherche à nouer une relation thérapeutique avec ces sujets qui testent en permanence l'attachement qu'on leur porte en vous entraînant dans une spirale infernale d'exigences agressives et de revendications brutales. Il faut être l'évêque de Digne pour saisir intuitivement que le vol de son argenterie signifie « l'amorce d'un mouvement incorporatif positif » chez le bagnard Jean Valjean ! Lors de nombreuses ruptures de ses prises en charge, l'analyste peut tenter de se distancier de son angoisse et de sa déception en théorisant sur la "bobine" et le "fort-da", l'homme n'en reste pas moins touché au vif par cette forme de relation où alternent la haine, le rejet et la demande de fusion.

(2) Suicide.

Dans des situations beaucoup moins tragiques, bien des ruptures d'analyse (ou d'autres formes de prise en charge) doivent sans doute s'entendre comme un ultime moyen de sauvegarder un tel processus d'idéalisation pathologique, que le patient et parfois le thérapeute ne veulent ou ne peuvent pas remettre en cause. Le dépit amoureux mais surtout l'intolérable blessure narcissique qu'entraînent les tentatives du soignant pour critiquer et tenter de démanteler le mécanisme de sur-investissement dont il est l'objet, risque de pousser le psychopathe au meurtre, tel Philippe, dont j'ai raconté l'histoire dans « L'analyste et le psychopathe » et qui me cherchait désespérément dans tout Paris, un fusil à la main. Ainsi, inducteur, malgré moi, de violence passionnelle, je n'ai su ni l'empêcher, ni la maîtriser. Les forces de vie que j'espérais mettre au service de ce patient ont alors activé son potentiel d'auto-destruction. L'idéalisation passionnelle apparaît alors clairement pour ce qu'elle est toujours : le masque séduisant de la pulsion de mort.

La médiation d'une institution soignante gérée à partir de l'application méthodique de ce qui m'apparaissait à l'époque comme de stricts principes psychanalytiques permet-elle d'éviter à ce type de sujet un si funeste destin ?

A l'hôpital psychiatrique où j'inaugurais ma pratique professionnelle, je fus très vite désarçonnée par une grande adolescente, Gaëlle, qui semblait complètement égarée dans l'univers asilaire. Elle "détonait" dans le cadre hospitalier : grande et jolie, intelligente et sarcastique, volontaire, pour ne pas dire impérieuse, séductrice avec les hommes, rivale de toutes les femmes, elle terrorisait à l'évidence la plupart des soignants qu'elle avait tendance à traiter en esclaves.

J'appris très vite qu'elle était "le cas" du service, puisqu'elle était "la" patiente du médecin-chef. Je n'avais à cette époque aucune expérience de la fréquentation des psychopathes, mais, au-delà de l'irritation qu'elle me causait souvent, je soupçonnais chez Gaëlle une souffrance psychique authentique, et me sentais parfois réceptive à son désarroi. D'où venait son besoin d'être le centre du monde, mêlé à la certitude évidente de n'intéresser personne ? De son histoire, je ne connaissais que quelques lambeaux, mais je la savais rejetée de longue date d'un milieu familial aisé vis-à-vis duquel elle n'exprimait que haine et désir de vengeance.

Sous les injonctions directoriales, l'hôpital tout entier s'est voulu "la bonne mère" de Gaëlle. Il fallait lui permettre toutes les gratifications possibles. L'ensemble du personnel (toutes catégories confondues) avait à se mettre à son service, pour lui prouver ainsi qu'il est possible de venir à bout de l'angoisse. Chacun devait également faciliter sa quête de plaisir, ainsi favorisa-t-on une liaison avec une lesbienne notoire, qui avait entrepris de la séduire. Le pavillon vivait au rythme de ses caprices, et elle faisait, avant la surveillante, son rapport matinal au médecin-chef, sa psychothérapeute, qui en tenait le plus grand compte.

Gaëlle et sa psychanalyste vivaient ainsi dans l'illusion d'échapper au principe de réalité au profit d'une néoproduction régie par les seules lois du principe de plaisir dont elles étaient les co-auteurs, ce qui les faisaient naviguer dans un monde complètement fou. En dépit de leurs longs échanges verbaux quasi quotidiens, nulle symbolisation ne s'est, à mon avis, mise en place dans ce contexte. L'histoire de Gaëlle n'a pas pu prendre sens pour elle. Il n'y a eu ni métabolisation du passé, ni investissement de l'avenir, dans la mesure où rien n'a été fait pour lui permettre d'intégrer la dimension de la castration symbolique. On lui a laissé croire qu'elle pouvait mener sa vie au seul gré de sa fantaisie, en suivant les fluctuations de ses désirs.

Or Gaëlle, un jour, s'est mise à chercher des limites dans la réalité. Dans un premier temps, elle s'en est prise au matériel : mobilier de l'hôpital, notamment celui de sa chambre ; puis elle a détérioré des voitures, et pas n'importe lesquelles. Parallèlement, ne respectant plus l'espace privé de personne, elle dérangeait de plus en plus souvent les gens de nuit, rentrait ivre, ou volait des médicaments, sûre de son impunité puisqu'elle savait que toute remontrance, et à fortiori, punition, était strictement interdite, impensable... Tout se passait comme si son comportement transgressif n'existait pas dans la réalité et devait être pris pour une manifestation fantasmatique (dont je me demande encore de quelle manière il pouvait faire l'objet d'une interprétation psychanalytique). Renforcée par la conduite "thérapeutique"(?)... de tout un groupe, penser, dire et faire étaient devenus la même chose. Pour prendre la mesure du Réel, Gaëlle est allée jusqu'à l'overdose de valium. Elle en est morte.

Ce n'est pas seulement sa recherche de limites, ou la rage de ses défis, qui l'ont tuée. L'institution psychanalytique, qui se voulait si bonne, me semble avoir véhiculé, à son insu, un désir de mort puissant, prenant sans le savoir sa place dans les circuits de haine auxquels n'échappe pas le psychopathe. La haine agie de Gaëlle sur les objets, puis sur elle-même, était une réponse à celle dont elle percevait l'existence au sein de l'ensemble du groupe, transposition probable des haines anciennes qu'elle avait voulu fuir. Nous avancerons qu'il existe probablement chez certains soignants une résistance inconsciente à la guérison de leurs patients. Cette "réaction thérapeutique négative" du personnel est potentialisée par un type de fonctionnement institutionnel et notamment par le rôle de leader du groupe au sens que Racamier donne à ce terme dans *Le psychanalyste sans divan*(1). Cette position a pour effet de redoubler le pouvoir médical (déjà omniprésent) de la force d'un savoir psychanalytique supposé fonder son action. Au sein d'un monde hospitalier ainsi structuré, où nul contrepouvoir n'a officiellement droit de cité (il en va tout autrement des courants occultes), la possibilité pour un malade-vedette et particulièrement pour un psychopathe d'échapper à l'aliénation devient extrêmement restreinte.

Alors devant ce bilan accablant, tant au niveau de la cure individuelle que du travail institutionnel, faut-il continuer de s'aventurer « dans ces territoires inexplorés où nous risquons de mettre en danger non seulement la psychanalyse », mais aussi notre patient ?(2) La réponse à cette question a été en son temps fournie par Freud : « Le succès ne peut être obtenu que par l'adaptation de la technique thérapeutique à la nature du mal »(3). Envisager les bases d'un traitement analytique possible de la psychopathie revient donc à définir un ensemble d'attitudes et de techniques qui tiennent le plus grand compte des singularités cliniques du psychopathe et qui s'efforcent de prévenir autant que faire se peut les effets iatrogènes du traitement...

Mais comment transformer les mots en paroles, convertir les passages à l'acte en actions positives, transmuer le vide psychique mortifère en fantasmes susceptibles d'être analysés à partir d'un travail de deuil qui doit être instauré, et métamorphoser le monde froid et brutal de Thanatos en un univers chaleureux où il y a la place pour les valeurs d'Éros ? Le récit fort condensé de dix années de travail thérapeutique avec un psychopathe va nous per-

---

(1) Racamier, *Le Psychanalyste sans divan*, Payot, 1970.
(2) Cf. Michael Balint, *Le défaut fondamental*, p. 241. Payot.
(3) S. Freud, *Nouvelles conférences sur la psychanalyse*, p. 265, Idées Gallimard.

mettre d'apporter nos éléments de réponse à ces questions impossibles.

ARTHUR OU DE LA TECHNIQUE PSYCHANALYTIQUE AVEC LE PSYCHOPATHE

Je rencontrai pour la première fois Arthur alors qu'il venait d'avoir quinze ans. Ni lui, ni moi n'imaginions alors que nous allions vivre une aventure thérapeutique pluri-hebdomadaire pendant une bonne décennie.. Les premières années de la prise en charge, les entretiens eurent lieu dans un bureau classique, plus tard, ayant découvert au contact des marginaux la nécessité pour l'analyste soucieux de résultats, de descendre dans la rue et d'emmener son "espace thérapeutique" dans les lieux les plus propices à la parole, je rencontrai préférentiellement Arthur dans un bistrot à l'enseigne des "vrais insouciants", où nous avions nos places attitrées pour les séances. Nos entretiens furent le plus souvent bi-hebdomadaires : mais comme il est de règle avec le psychopathe, la fréquence de ceux-ci passa de zéro, quand il était en fugue ou refusait de me voir ; à la stricte ordonnance freudienne des cinq fois par semaine quand il allait très mal. Parallèlement, Arthur rencontrait épisodiquement un travailleur social.

A la fin de sa thérapie, il entreprit d'écrire sa version de son histoire et de l'histoire de son traitement dans notre service[1]. Notre récit utilisera donc son point de vue en tant qu'utilisateur de nos maigres ressources thérapeutiques.

Laissons à Arthur, adolescent descolarisé, en rupture d'établissement spécialisé, le soin de raconter comment il a vécu ses premières rencontres avec nous.

« Introduit en ce jour de novembre dans une pièce sans couleur, qui recélait un aquarium vide et une immense glace qui sera le témoin muet de mes angoisses et de mes confidences, j'entrai pour la première fois en scène rue de la Sablière. Evidemment, le décor d'un service médico-psychologique de plus, a un air de déjà vu. **Je savais que dans quelques instants j'allais livrer un combat contre éducateurs et psychanalystes.** Je me préparais à cet

(1) Il va sans dire que si nous avons quelque peu modifié la forme, nous avons scrupuleusement respecté le fond.

affrontement et j'aiguisais mes propos. La porte s'ouvrit et Jean-Pierre apparut. Il me donna le bonjour avec gentillesse. Je pensais, voilà donc mon premier ennemi. Grand, très grand, le regard scrutateur, il demanda à ma mère de le suivre. Je fus seul et mes idées s'entrechoquèrent. L'envie de fuir me saisit. Mais c'était à mon tour d'entrer dans son bureau. Mes premières paroles furent une mise en garde. Il n'était pas question que je retourne dans un pensionnat. Jean-Pierre m'ayant rassuré, une autre question se posa : pour quelle raison devrais-je me présenter dans son bureau et pourquoi lui ferais-je confiance ? Après tout ce n'était qu'un "psy". De fait, pour la première fois, un homme entrait dans ma vie. Cela me sembla étrange et pourtant cela fût. Je gardais de bien mauvais souvenirs des psychanalystes. Ces individus s'étaient emparés de mes problèmes sans jamais un seul instant s'intéresser à moi. Dans les institutions que j'avais fréquentées, nous avions établi un jeu cruel : le psy devenait la cible de bien des risées. Tous nos tests étaient échangés dans la cour de récréation et chaque pensionnaire était illusoirement armé pour la séance suivante. Au cours du même entretien, je fis la connaissance d'Armelle, une éducatrice du service. Dans la rue, ma mère me fit part de ses impressions et me demanda les miennes. Un vague grognement et une insulte furent mes seules réponses. »

A la différence du névrosé et parfois du psychotique ou de certains états limites, le psychopathe n'exprime aucune demande d'aide psychologique. Attendre une modification de cette attitude pour entreprendre une thérapie équivaut donc à une fin de non-recevoir. Il va falloir au contraire essayer de le convaincre progressivement que les sédiments de son passé continuent de jouer un rôle dynamique sur le terrain de ses difficultés présentes, démarche de lente persuasion comparable à celle que Freud a dû effectuer avec ses premiers patients pour leur faire admettre que "l'inconscient" était bien à l'origine de leur symptomatologie hystérique. Mais cette phase préliminaire qui va s'appuyer sur l'étonnement qui peut naître de la prise de conscience par son auteur du sens d'un lapsus, d'un acte manqué et de la répétition prévisible par nous de ses comportements d'échec, est entravée dès le début de la partie thérapeutique par la crainte et l'hostilité que le psychopathe ne manque jamais de ressentir et de nous manifester plus ou moins ouvertement. Ainsi pour Arthur, l'escalier de la rue de la Sablière avait des relents d'enfer.

« Lors du rendez-vous suivant, Armelle m'accueillit dans son bureau et commença à me questionner sur cette semaine passée. Quelques vagues réponses semblèrent la satisfaire. Je fus donc avare de propos. Jean-Pierre nous rejoignit aussitôt. Toute mon attention se fixa sur lui. L'observation avait repris comme lors de notre premier entretien. L'état d'extrême frayeur dans lequel me plongeait sa présence humectait mes paumes de sueur, me meurtrissait l'estomac et me paralysait l'esprit. Le dialogue s'instaura, plutôt une parlotte. Ma défense était d'occuper le terrain par des discours sans valeur. **De ces premiers entretiens, je garde le souvenir d'une comédie longuement répétée et qui ne laissait place à aucune sincérité.** »

Comme nous l'évoquions au début de ce chapitre, attendre d'un délinquant qu'il nous dise la vérité s'apparente à la méthode Coué... Le thérapeute doit savoir qu'il est pour le psychopathe celui dont il convient de se méfier en priorité. C'est pourquoi, habituellement, après une ou deux rencontres faussement prometteuses et le plus souvent intéressées, le psychopathe disparaît.

Arthur continua cependant de venir régulièrement au service, partagé entre la peur (imaginaire) des ennuis que nous aurions pu lui occasionner et la frayeur que lui causaient nos interventions "d'empêcheurs de rêver éveillé", car nous allons voir que contrairement à l'analyse du névrosé, où le thérapeute apparaît comme celui qui favorise ou induit le rêve, en psychopathie, nos interprétations seront vécues comme autant de mises en question d'une existence basée sur le principe de plaisir, où le rêve prime sur la réalité.

Intelligent, non scolarisé depuis son renvoi de deux établissements spécialisés, Arthur avait connu bien des aventures, mais pas l'Aventure qu'il recherchait alors avidement. Ni le travail, ni l'intégration sociale ne pouvaient la lui apporter. Les éducatrices et les assistantes sociales qui s'occupèrent de lui pendant des années lui trouvèrent, à force de négociations, un certain nombre de "jobs" forcément peu qualifiés. A chaque fois, lui ou sa mère intervenaient pour tout faire échouer. Ainsi feignit-elle de croire qu'il occupait bien un des nombreux emplois fictifs qu'il nous décrivit avec complaisance et assurance : ouvrier à l'arsenal, chauffeur-livreur ou coursier de presse, employé dans une cartonnerie ou agent de publicité. Son imagination semblait sans limite. Était-il mythomane ? Fabulait-il en permanence pour "nier la vie sans l'oublier" ? Délirait-il ? Comme le pensaient à l'époque les travailleurs sociaux qu'il noyait sous des flots d'éloquence étrange et inhabituelle chez un jeune illettré de seize ans. En vérité, la plupart des membres de notre service le prirent pour un malade mental. En fait, comme le Chevalier d'Industrie, Arthur était un imposteur, je dirais même un mystificateur génial qui, pendant sept ans, nous dissimula toute une vie parallèle de délinquance grave, et qui prenait plaisir à se jouer de ma crédulité et de celle de ses éducateurs. Nous en prîmes conscience bien des années plus tard, quand un soir, un homme se présenta rue de la Sablière pour me casser la figure, m'accusant d'avoir enlevé sa femme. Pour séduire une mère de famille qui s'ennuyait, Arthur, qui venait de fêter ses vingt-deux ans, n'avait pas hésité à se faire passer pour le psy du service de soins pour marginaux. Son talent d'usurpateur et sa séduction naturelle avaient fait le reste. Mais cette idylle ne résista pas longtemps à l'explication que nous fûmes amenés à avoir tous les trois. S'ensuivit une phase de dépression profonde où il frôla la mort ou le meurtre à maintes reprises. Persécutant sans trêve le mari de son ex-belle, il se retrouva même incarcéré. L'intervention d'un avocat célèbre, qu'il avait su gagner à sa cause, lui permit de retrouver rapidement la liberté.

Puis Arthur connut Neige, photographe, héroïnomane et canadienne. Elle avait "bourlingué" dans le monde entier. Elle le mit en contact avec son père, propriétaire d'un ranch gigantesque autour de Calgary. Il lui offrit du travail et même de s'expatrier. En attendant, avec elle, il courait les soirées huppées où la défonce n'a pas à être payée. Il y rencontra des artistes célèbres et des gens "branchés". Vivait-il un conte de fées ? Un beau matin d'été, Neige disparut. Arthur mit des semaines à découvrir la vérité. N'ayant visité aucun des pays qu'elle racontait si bien, ni canadienne, ni photographe, Neige était toxicomane mythomane bien connue des hôpitaux psychiatriques où elle allait régulièrement se réfugier. Pour Arthur, arroseur arrosé, tout un monde s'effondrait. Brutalement ramené à une réalité qu'il ne supportait pas, celle du "métro, boulot, dodo", il prit la fuite dans l'escalade toxicomaniaque. S'étant mis sous les armes avec blouson de cuir, colliers de chien et bottes cruelles, il ne cessait de guerroyer aux Halles et aux Quatre Temps... Les combats de rue furent en somme son "divertissement" !

Aussi surprenant que cela puisse paraître, errance et délinquance n'interrompirent pas la relation thérapeutique. Arthur arrivait souvent dès l'aube au service, sans avoir pris la peine de se coucher. Nous passâmes d'innombrables séances autour d'un café à tenter de démanteler patiemment ses défenses organisées autour du tryptique "déni, défi, délit". Huit années après le début de la cure, un jour, furieux, il m'accusa d'avoir détruit son monde :

« Je vivais dans un rêve. J'étais bien. Je voyais un mur et je me disais c'est le ciel bleu. Aujourd'hui c'est fini. C'est toi, le psy, le rêveur et le fou, plutôt que moi, qui étais un idéaliste. Tu as volé mon enfance, tu as creusé une brèche dans mon système clos que je ne peux plus refermer. Maintenant, je suis obligé de voir la société telle qu'elle est, c'est-à-dire abjecte. J'étais libre, je ne le suis plus : **j'aurais vécu heureux, éternel enfant, sans voir le temps passer,** J'étais roi dans mon royaume. J'explorais le fond des mers, cela n'est plus possible et cela me fait très mal, si mal que je ressens en moi une violence énorme. Tu auras fait de moi un révolté pour toujours. »

Avec le psychopathe, comme avec tous les cas difficiles, nous risquons toujours de faire du "forçage interprétatif". « Dans la zone du défaut fondamental, les paroles sont mal comprises et leurs effets souvent inverses de ceux attendus de l'interprétation. »(1) L'analyste se fera donc discret. Vers la fin de sa thérapie, Arthur expliquera sa persévérance remarquable dans nos rencontres par la pudeur que j'avais manifestée en ne posant aucune des questions inquisitoriales auxquelles son passé médico-psychologique l'avaient habitué. Mais manifester une stricte neutralité bienveillante avec de tels patients ne suffit pas à instaurer une relation transférentielle positive vécue au minimum comme absence d'intérêt et le plus souvent interprétée comme une marque de mépris et de rejet. Seule une présence suffisante quantitativement et qualitativement permettra à la relation thérapeutique de se nouer. **En psychopathie, la "présence réelle" de l'analyste est l'impératif catégorique du traitement.**

« Être là, posséder une grande souplesse, ne pas offrir beaucoup de résistance, être indestructible et permettre une sorte d'interprétation "harmonieuse" entre soi et le patient sont, selon Balint, les conditions nécessaires à la réparation du défaut fondamental. » Le psychopathe exige davantage encore de son thérapeute.

---

(1) Cf. Michael Balint, *Le défaut fondamental*, p. 231.

Soigner celui qui vit sous l'empire de Thanatos s'apparente à une sorte de "réanimation psychique"... Il s'agit avant tout d'arriver à perfuser la vie à partir de notre vie. Encore faut-il que nous acceptions de nous montrer vivants ! L'analyste de psychopathe aura souvent besoin d'utiliser une référence personnelle, de faire état d'un incident ou d'un accident qui lui est arrivé pour relancer la cure dans un climat d'authenticité. Dans tous les cas le "faire avec" est une nécessité.

Mais redonnons la parole à Arthur faisant le bilan de sa thérapie : « Pour moi, les cinq premières années de la prise en charge ont été un échec complet. J'ai retrouvé l'absence d'interdits du milieu maternel. Puis tu as changé d'attitude, souviens-toi : pourtant tu n'étais pas très à l'aise le jour où tu as giflé cette fille qui se défonçait sur un banc en face de la Sablière. Tes collègues et toi-même, vous vous interrogiez sans fin pour savoir s'il convenait de réagir de cette façon. Et pourtant tu m'as dit : "je suis sûr d'avoir eu raison". **Ça a été le tournant pour moi.** »

Avec le psychopathe, le travail de l'analyste s'apparente à celui du "désensorceleur". Il s'agit plus que jamais de rompre les charmes et pour venir à bout de la répétition démoniaque des Agirs, l'acte du thérapeute s'impose. Nous affirmons aujourd'hui au risque de scandaliser ceux qui s'imaginent pouvoir guérir le psychopathe avec des paroles, qu'une **thérapeutique de l'Agir psychopathique ne saurait fonctionner efficacement sans le recours aux actes du thérapeute.** Qu'il s'agisse de prises de positions par rapport à un délit, d'accompagnement et/ou de visites en prison, à l'hôpital psychiatrique ou dans un service d'urgence hospitalier, paradoxalement, l'acte conscient et volontaire du soignant apparaît comme adjuvant indispensable pour enrayer progressivement l'agir psychopathique(1).

La gifle tout à fait exceptionnelle que j'avais donnée sans réfléchir à Morgane, qui se droguait en public en face de notre service, n'a pas eu d'efficacité thérapeutique pour elle. Mais comme au billard et par la bande, je m'étais ainsi situé pour Arthur comme le tiers interdicteur entre le psychopathe et son plaisir destructeur. Arthur sut de ce jour que je ne le laisserai jamais aller au bout de ses expériences mortifères. Avec le psychopathe, le champ de

---

(1) Cf. « La notion d'acte psychanalytique » au sens que lui conférait Lacan dans son séminaire.

Thanatos commence à se circonscrire au fur et à mesure que l'analyste accepte de jouer les rôles d'ego auxiliaire et de pare-excitations qui lui ont fait défaut dans sa prime enfance. Sans cette offre d'une "garantie protectrice" de notre part, aucune élaboration psychique ne saurait advenir. Il faut ainsi se résoudre, et souvent pour un temps très long, à ne pas respecter la règle d'abstinence et accepter, en particulier quand un enjeu vital se pose, de satisfaire la demande du patient. A ce prix la psychanalyse devient pour le sujet opérante, comme le dit Arthur :

« Il y a quelques années, il fallait que je vienne te voir à n'importe quelle heure, sans rendez-vous, tant la tension était forte. Je suis sûr que si on m'avait refoulé, je me serais tiré une balle dans la tête. En vérité, **j'attendais qu'on me rejette pour justifier mon suicide.** Et pourtant vous ne m'avez jamais rejeté. Petit à petit, j'ai découvert la psychanalyse. Pas celle de l'intellectuel qui prétend ainsi arriver à connaître sa belle âme, ni celle du bourgeois qui a de petits problèmes sexuels, **mais la psychanalyse de terrain, la psychanalyse du ventre, celle qui se vit avec les tripes au service de soins à domicile : celle que nous, les marginaux, t'avons fait découvrir, et qui est un affrontement grandiose de la mort et de la vie. »**

Mais comment apprécier la part et la durée de ce qu'il convient de tolérer ? Le psychopathe essaye d'ajouter ses soignants à la liste de ses victimes en les entraînant dans une spirale infernale d'exigences et de revendications brutales. Ainsi, un matin où j'étais en retard, Arthur, qui allait avoir vingt-quatre ans, s'entailla (heureusement superficiellement) la gorge avec son poignard et paniqua tout le service. Peu de temps après, complètement saoul, il monta sur le toit de l'immeuble et se mit à hurler pour que je vienne le chercher, menaçant de se jeter dans le vide. J'arrivai avec peine à le calmer et à le redescendre. Mais ses agissements avaient manqué de nous faire expulser. Une réunion extraordinaire fut demandée par la plupart de nos collègues, qui ne pouvaient plus supporter son agressivité et sa dangerosité. J'eus beaucoup de mal à leur faire accepter l'idée qu'il nous testait pour savoir si nous aussi allions le rejeter. Ils me firent prendre conscience de **la relation passionnelle transférentielle** dans laquelle nous étions lui et moi empêtrés. Deux éducateurs chevronnés acceptèrent de jouer les interlocuteurs supplémentaires, et désormais, nos rendez-vous se déroulèrent dans des lieux hors service et souvent exotiques. En une dernière année de travail thérapeutique intensif, nous allions de concert reconstruire son histoire infantile et aussi liquider le transfert.

Je retrouvai dans l'enfance d'Arthur les diverses occurrences que nous avons pointées au chapitre 4, à savoir : la carence, lors de l'établissement du lien à l'Autre, le contact précoce avec la violence meurtrière, la surstimulation œdipienne qui dans son cas était allée beaucoup plus loin que d'ordinaire et la quasi mise en acte du meurtre du père déchu. La grand-mère d'Arthur était morte un 5 septembre à 16 h 25. Il était né vingt jours plus tard à la même heure. Pendant plusieurs mois après sa naissance, sa mère, dépressive, avait été incapable de le prendre dans ses bras. Elle ne lui en avait jamais parlé. De la violence, son père avait fait un métier. Professionnel du combat, embarqué sur le premier navire de guerre qui quitta la France pour l'Extrême-Orient, l'Indochine allait devenir son Graal. De retour au domicile familial, se revivait chaque soir dans les coups et l'alcool la saga des conquêtes et des défaites de l'Empire français. Les soirs de grande ivresse, il initiait son tout jeune fils au maniement des armes les plus sophistiquées. Ses voisins avaient dû s'habituer à l'entendre hurler des ordres en viet ou en allemand. Un ex-général SS qui fut son aide de camp et son compagnon de beuverie, essayait alors de calmer Arthur, terrorisé. Celui-ci devait avoir cinq ou six ans quand il découvrit sa mère inanimée, percée de deux coups de poignard de parachutiste. Lors d'une querelle plus violente que d'habitude, son père ivre-mort avait tenté de l'assassiner.

Cette fois, pour les services sociaux c'en fut trop. Bien que le père d'Arthur eut quitté le domicile conjugal avec en poche un engagement de mercenaire, pour l'enfant un placement fut décidé en urgence. Pensionnaire à six ans, il vivait toute la semaine l'internat punitif, coercitif et brutal. Mais aux week-ends, sa mère le promenait de longues heures en taxi et lui offrait tout ce qu'il pouvait souhaiter, avant même qu'il en fit la demande. « Elle voulait me porter à vie dans son sein, me garder en elle, même si je devais être son propre cancer. Elle aimait jusqu'au mal que je pouvais lui faire. En fait, elle m'a mis dans cette bulle d'où je pouvais d'autant moins sortir qu'elle me disait devant toutes les conneries que je faisais : « Tu me me fais pas plus mal que lorsque tu me donnais des coups de pied dans le ventre quand j'étais enceinte de toi. »

C'est à ce moment où Arthur reconstruisait enfin son histoire infantile que Claude Coudert, réalisateur pour *Antenne 2,* vint me demander si je connaissais un jeune qui accepterait de témoigner dans un téléfilm sur l'inceste qu'il projetait de tourner. Ayant su me convaincre de l'honnêteté de sa démarche, j'en parlais à Arthur[1]. N'avais-je pas constaté, bien des années auparavant, lors d'une visite à domicile, que chez sa mère, en face de la télévision, il n'y avait qu'un seul grand lit ? Pourtant, l'existence d'une relation de ce type n'avait jamais pu être abordée directement en neuf années de thérapie. Arthur accepta de participer à l'émission après avoir rencontré le metteur en scène. Mieux, il demanda à le faire à visage découvert. Je me contentais d'arriver quand l'enregistrement fut terminé. A juste titre, des professionnels rigoureux s'indigneront de cette manipulation qu'ils qualifieront de passage à l'acte du thérapeute. Plutôt que de rester pratique secrète et réprouvée, il m'a semblé que les *actings* contre-transférentiels induits par les psychopathes méritaient d'être discutés. Je les tiens pour inévitables, et tous ceux qui ont l'expérience de ce type de clients pourraient difficilement me contredire. L'abstention et la neutralité bienveilante induisent également les pires passages à l'acte. Mais moi-même et Arthur étions loin d'imaginer à l'époque les conséquences de cette émission.

La nuit qui suivit l'enregistrement, Arthur ne rentra pas chez lui. Il passa en revue tous les anciens lieux de défonce et de déviance où il s'était fait apprécier depuis tant d'années : Montparnasse, le Sentier, le Forum des Halles et Pigalle, pour ne citer que les plus fréquentés. On ne le reconnut pas. Où étaient donc passées ses bottes allemandes, son poignard et son verlan ? Arthur était rentré sans le savoir dans le processus de deuil de sa marginalité. Pour la première fois, il avait l'impression d'avoir réalisé quelque chose de positif et de concret. Au matin, il me réclama un emploi protégé. Une situation intermédiaire entre le salariat qu'il jugeait inaccessible et l'inactivité qui était sienne depuis toujours. Une amie, directrice du C.A.T de la C.A.F., accepta de l'employer une semaine, bien que son "profil" ne cor-

(1) Depuis que la marginalité et les psy-shows font recette, on ne compte plus les journalistes, metteurs en scène et cinéastes qui utilisent et aliènent de jeunes vedettes le temps d'un court métrage. Tel Jean Schmidt qui n'hésita pas à tisser avec la trame de misère et de révolte des « anges déchus de la planète Saint-Michel » sa propre version de la tapisserie de l'Apocalypse. Précisons qu'il est devenu interdit de séjour pour nos jeunes qui lui avaient fait confiance lors d'un autre tournage avorté.

respondit en rien aux clients arriérés qu'elle recevait. Je ne sais qui de nous deux fut le plus inquiet. Arthur, pour la première fois de sa vie, allait respecter pendant cinq jours des horaires et des contraintes. Il supporta même de se faire réprimander pour du travail mal fait.

Alors que la partie semblait sur le point d'être gagnée, Arthur arriva le surlendemain, passablement défoncé. Mon premier réflexe fut de refuser de le recevoir. La veille au soir, il avait regardé un film vietnamien sur la défaite des Français à Dien Bien Phu. A plusieurs reprises, il y avait vu son père, le colt 45 pendant au bout du bras gauche, une cigarette aux lèvres, les yeux dans le vide, absent, lointain, et semblant pourtant heureux : « J'ai le même regard, la même envie de tuer pour le plaisir. La vie est un flirt avec la mort. Quand j'étais petit, j'ai étranglé un chat (comme dans la chanson de Jacques Brel). Le plaisir, c'est le plaisir de faire mal. De donner et de recevoir la mort violente », nous dit-il.

Et les souvenirs affluèrent. Son père avait frappé devant lui un Arabe dans un bar, puis s'était assis tranquillement, souriant de voir l'homme effondré. Un soir, alors qu'Arthur rentrait avec sa mère, il trouva le couloir plein de sang. Les murs de l'appartement en étaient couverts. Son père s'était ouvert le bras et tranché une artère avec une baïonnette sciée.

« J'ai pensé : il est mort en beauté. Hélas, il était encore vivant. Si j'avais été plus grand, je l'aurais achevé. » Jamais il n'avait pu oublier, reflétée par une psyché, son image en chemise Lacoste blanche, short blanc et tennis immaculés, couvert du sang de son père de la tête au pieds. **Cette représentation traumatique inintégrable hantait Arthur depuis toutes ces années et aimantait toute sa conduite. Pour la première fois, il venait d'en parler.**

A la projection de « L'inceste : les amours interdites » où je l'avais accompagné, il s'exclamera : « Quand je pense qu'il m'a fallu dix ans pour dire ce que je viens d'exprimer sur l'écran ». La veille du passage de l'émission à la télévision, il me demanda angoissé : « Faut-il que ma mère la regarde ou non ? » Je lui répondis analytiquement : « C'est à toi d'en juger. » Ce soir-là, Arthur sortit en prévenant sa mère qu'une émission risquait de l'intéresser. A son retour, à l'aube, elle l'attendait : « Petit con, comment as-tu osé ? Cela ne regardait que nous. Tu n'avais pas le droit d'en parler à Chartier et ce salaud n'avait pas à se mêler de nos affaires. Je ne te reverrai plus jamais. Fiche-moi le camp. » Arthur fut à la fois anxieux et soulagé. Mis à la porte de chez lui et enfin libéré d'un enchantement qui avait duré vingt-cinq ans. « J'avais transgressé le tabou des tabous : l'inceste. C'était le comble de l'horreur, mais comment aurais-je pu t'en parler ? J'étais dans le noir, le négatif complet. Je n'avais pas le droit d'exister. Pour moi, souviens-toi comme nous nous sommes engueulés quand tu as prétendu le contraire. Tu n'avais rien compris. J'ai commencé à changer avec cette émission de télévision. Je pense enfin être sorti du trou noir, mais il faut m'aider à m'adapter. »

Un de nos anciens, devenus directeur commercial d'une société importante, le prendra quinze jours en stage dans son établissement. Arthur découvrira et saura faire reconnaître ses talents de vendeur exceptionnels. Il les concrétisera en se faisant sélectionner dans une école commerciale que rien dans son cursus scolaire, ni dans son passé, ne pouvait lui permettre d'espérer. Blazer blanc, cravate, cheveux soignés, fine moustache, Arthur a pris l'*habitus* du jeune cadre dynamique et distingué. Pour lui, la signification du temps a changé. Du temps qui était frustration intolérable pour le marginal, il est passé au temps de l'attente et de l'espoir. Durant l'été, pour la première fois de sa vie, il a travaillé dur sur les marchés et les chantiers afin d'économiser de quoi rembourser en partie l'allocation que l'association des anciens a décidé de lui allouer pour lui permettre d'apprendre son métier(1). Aujourd'hui, Arthur envisage la rentrée avec sérénité. Il n'a plus d'angoisse et n'appréhende plus de rencontrer les autres. S'il est conscient de la difficulté du chemin qui lui reste à parcourir, il ne mésestime plus ses atouts. « Nous, les marginaux, resterons toujours des personnalités à part, mais nous avons des capacités d'encaisse et des forces de combat issues de notre vie passée riche et variée, que les autres n'ont pas. Fais-moi confiance pour m'en servir pour le bien. D'ailleurs, **j'ai eu une enfance dégueulasse, mais aujourd'hui ça n'a plus d'importance.** » Pouvions-nous espérer meilleur mot de la fin ?

(1) Il nous faut ici remercier l'Association des Anciens et Amis de *Vers la vie,* et en particulier son président, Gérard Malecot, d'avoir accepté de prendre en charge financièrement cette formation que, vu son âge, ni l'A.N.P.E., ni le B.A.S., ni les F.P.A. ne voulaient subventionner.

Tout en reconnaissant la fragilité des résultats obtenus avec ces sujets, nous avancerons que la réussite d'une cure de psychopathe en utilisant la psychanalyse n'est plus une éventualité exceptionnelle. Il nous reste à l'évidence énormément de progrès théoriques et techniques à effectuer pour mieux maîtriser ce mystérieux passage de l'Agir à l'Élaboration. Aujourd'hui, l'identification aux soignants nous semble le mécanisme le plus important à l'œuvre dans cette transformation. Aux divers stades de l'existence psychopathique correspondraient d'ailleurs des mouvements identificatoires différents. A l'époque inaugurale de la luttre contre "la non-vie", caractérisée par la nécessité vitale de l'Agir-créateur de soi, correspond un refus total d'identification à celui qui prétendrait s'occuper du psychopathe. La démarche du thérapeute ne peut alors être vécue que comme intrusive et destructurante. Lors de la période suivante, qui est celle de la "survie" marquée du sceau de la délinquance et de la marginalité, l'identification devient possible avec le soignant qui se met à représenter pour le psychopathe un idéal du moi criminel. S'il n'est heureusement pas nécessaire d'enfreindre la loi pour être ainsi investi, le thérapeute doit laisser voir à travers son physique et/ou son habileté à comprendre l'autre et à le manipuler, qu'il fait bien maintenant "le poids" et qu'il pourrait, s'il le désirait, comme l'ont souvent dit de nous nos patients, « devenir sans peine un plus grand criminel qu'eux ». Dans les cas heureux, où le psychopathe arrive à faire le deuil de sa marginalité, il ne ressent plus le besoin impérieux de recourir à la transgression pour décharger ses tensions, et entre dans ce qu'on peut appeler la phase de "la vie sans mode d'emploi". Désarmé comme Arthur, il nous demande alors de lui apprendre à vivre. La réponse active de l'analyste, telle que nous l'avons décrite, provoquera un phénomène d'identification massive au thérapeute (du même sexe que lui). Si ce processus est la clef du succès thérapeutique, les caractéristiques du transfert qui le sous-tend exposent, comme nous l'avons vu, ce type de patient à courir un risque vital. Peut-on arriver à prévenir et/ou à traiter cet effet iatrogène inévitable dans tout traitement psychanalytique de la psychopathie ?

DE LA PLURIDISCIPLINARITÉ A LA TRANSPLURIDISCIPLINARITÉ

Du côté du contre-transfert

Le destin psychopathique serait-il la forme actuelle de la tragédie antique ? Son héros apparaît tout autant prisonnier qu'Œdipe ou

Antigone du jeu fatal des pulsions et des passions. Le plus souvent, ni le hasard des événements, ni la volonté du sujet ou de son environnement ne semblent pouvoir modifier sa destinée. C'est que, quels que soient le lieu, l'action ou l'époque, les psychopathes souffrent tous du même mal : nous l'avons appellé "trou noir psychique" pour tenter de rendre compte de la dimension inexorablement évolutive du processus de destruction où ils sont engagés et risquent fort de nous précipiter.

Un événement brutal, survenu au cours de la prise en charge thérapeutique de Roland[(1)], m'a permis de saisir la nature de l'attitude contre-transférentielle ordinaire avec le psychopathe. Un soir, il sauta à la gorge de l'assistante sociale qui s'occupait de lui avec dévouement et commença de l'étranger tout en la "travaillant" de l'autre main avec un cutter. Seul homme présent, je passais à l'acte à mon tour pour le désarmer et dégager, à l'issue d'un combat douteux, la collègue passablement traumatisée. Quelques nuits plus tard, je rêvais que « j'étais avec des collaborateurs en présence d'un jeune particulièrement menaçant, susceptible de nous agresser sur le champ. J'aurais aimé que l'éducateur intervienne, ce qu'il ne fit pas. Aussi finirai-je par lier les mains de l'adolescent et appeler la police. Dans le rêve, je pense : « Il ne manquerait plus que Roland ne revienne ». Or, Roland sonne à la porte. Toujours aussi agressif, la mine sombre, ruminant sa vengeance. Son arrivée m'effraie, mais je tâche de cacher mon trouble en m'exclamant : « Entre ! la police t'attend ». Et le garçon se sauve alors dans l'escalier (ce qui correspond au souvenir d'une scène réelle où, après une bagarre dans le service avec d'autres jeunes, je tentais de l'arrêter et de le raisonner avant qu'il ne brise la porte d'entrée de l'immeuble !). Je lui conseille de me suivre sans résister, ce qu'il fait d'abord avant de tenter de s'échapper en se transformant en une espèce de serpent-crapaud que je finis par écraser furieusement à coups de pieds. » J'ai appris depuis que le directeur d'un établissement où il avait séjourné craignait aussi de le rencontrer de peur d'être incapable de s'empêcher, selon son propre dire, « de se jeter sur Roland pour le tuer ».

Ainsi le psychopathe induit-il chez le soignant d'intenses désirs de meurtre brutalement exhumés du passé et la tentation pres-

---

(1) cf. chapitre 4.

sante de les agir. Pour y échapper, le professionnel de l'aide, isolé, est alors tenté de s'identifier à un modèle réparateur idéalement bon de thérapeute salvateur. Mais comme nous l'avons trop bien vu avec Yvain, son intervention de *Deus ex machina* risque de précipiter la fin du sujet[1]

De la pluridisciplinarité

L'intervention simultanée de plusieurs professionnels s'impose avec le psychopathe, comme avec tous les patients profondément régressés. En théorie, elle devrait permettre de :

- prendre en compte la réalité matérielle et sociale du délinquant. Cette tâche est traditionnellement dévolue aux éducateurs et aux assistants sociaux ;
- maintenir, malgré la labilité de ses attachements et de ses rejets, la continuité d'une relation positive indispensable à son évolution ;
- diluer salutairement entre plusieurs intervenants le transfert massif qui, avec ces sujets, n'est pas un accident, mais une constante du traitement. On devrait arriver ainsi à éviter la cristallisation passionnelle ou à la réduire, si on n'a pas pu empêcher son apparition ;
- "tamponner" et désamorcer les désirs meurtriers du soignant le plus impliqué et lui permettre d'analyser son envie salvatrice, corollaire de son agressivité destructrice, en la parlant avec ses collègues.

Mais comment expliquer alors que tant d'équipes riches de spécialistes en tout genre échouent à soigner le psychopathe à l'hôpital, en internat, au dispensaire et dans les milieux ouverts[2] ? Peut-être ne veulent-elles pas accepter le legs d'Yvain et de tant d'autres au

---

(1) Nous avons raconté dans *Les parents martyrs* comment un travailleur social, Béatrice, avait entraîné la mort de Christian en acceptant de partager vie et lit avec lui (cf. pages 202 à 204). Les nombreux échos que ce récit à provoqué auprès de publics spécialisés montrent bien l'ampleur de la tentation réparatrice à tout prix. Le lecteur trouvera en annexe la lettre qu'une jeune éducatrice nous a autorisée à publier et qui confirme l'impossibilité pour le soignant solitaire de se situer à une distance thérapeutique convenable du psychopathe. Alors que faire pour essayer de répondre quand même à l'aporie relationnelle et aux périls de la passion transférentielle ?

(2) « Le psychanalyste-directeur ne doit pas écraser de son supposé savoir ses collaborateurs ; il doit avec eux traiter de sujet à sujet, d'adulte à adulte ». Qu'un chef de service doive encore récemment rappeler cette évidence montre la difficulté que rencontre la pluridisciplinarité dans bien des services publics. « Psychanalyse, psychanalystes, institution, P. Bogoratz, in *Topique* n° 26, ÉPI.

décours de leur chemin de croix psychopathique : à savoir l'obligation de reconnaître que la multiplication des techniques, même les plus élaborées, comme celle des praticiens les plus savants, ne suffisent pas à contrarier l'attraction de la pulsion de mort de ceux qui dans le quotidien se comportent comme « des enfants de la nature accessibles seulement à la logique de la soupe et aux arguments des quenelles, et qui ne manquent pas de faire échouer nos efforts auprès d'eux, par ressentiment et désir de vengeance »(1).

Il y a quelques années, le découragement et le désespoir consécutifs à nos échecs répétés avec eux provoquèrent une crise gravissime dans notre équipe. Les éducateurs, le médecin, l'assistante sociale, le thérapeute s'accusèrent mutuellement d'être responsables des insuccès.

Pour ceux qui y travaillaient à l'époque, notre service devint totalement mauvais. « Ailleurs, on fonctionnait bien ! » Un climat pesant de défiance, de méfiance et de pseudo lutte de classes se mit en place. Les éducateurs voulurent faire l'éducation de ceux avec qui ils collaboraient. Les psys entreprirent d'interpréter le comportement des non-psys et les antagonismes s'exacerbèrent en miroir. Certains revendiquèrent de s'occuper d'une population plus jeune, réputée plus facile à rééduquer, d'autres évoquèrent la fermeture de l'institution. Nous étions alors proches du divorce ou du retour à un fonctionnement rigide et autoritaire depuis longtemps dépassé. Il nous fallut bien du temps pour comprendre que nos premiers morts nous faisaient revivre « la phase dépressive consécutive à la disparition de l'objet aimé » (M. Klein), qui se trouve justement être la problématique centrale et souvent indépassable du psychopathe. **Nous avons réussi là où le psychopathe échoue,** parce que nous avons pu arriver à reconnaître individuellement et à accepter collectivement notre impuissance à modifier par nos seules forces sa destinée. Alors, et seulement alors, avons-nous pu dépasser les blocages culturels (individualisme de "la société libérale avancée"), sociologiques (statuts et rôles professionnels cloisonnés) et psychologiques (désir d'omnipotence) qui entravent le fonctionnement ordinaire des équipes se disant pluridisciplinaires.

(1) Sigmund Freud : « Observations sur l'amour de transfert », in *La technique psychanalytique,* PUF, 1953.

De la transdisciplinarité

Pour nous, et à son insu, le psychopathe a été l'occasion de la création d'un authentique travail pluridisciplinaire et même d'un dépassement de la pluridisciplinarité que nous appelerons "transdisciplinarité", car les soignants, les éduquants, les enseignants qui arrivent à traverser la dépression d'équipe peuvent alors transcender leur formation et leur pratique[1]. Cela veut dire qu'ils peuvent tous ensemble et de manière concertée se permettre de sortir du cadre habituel de leur exercice professionnel ; sans renier leur spécificité, la transdisciplinarité leur procure alors une plus value d'efficacité.

Des lecteurs de notre premier livre[2], des équipes au grand complet nous rendent souvent visite pour échanger sur des projets de prise en charge d'adolescents particulièrement perturbés. Beaucoup s'étonnent, certains s'indignent de l'évolution de notre mode de fonctionnement. En effet aujourd'hui, au service de soins et d'éducation spécialisée à domicile de la rue de la Sablière, tous les membres du personnel, quel que soit leur statut officiel, œuvrent et partagent réellement sur le terrain les difficultés du corps à corps avec le délinquant ou le délirant : les psys ne se réfugient ni dans leur bureau, ni dans la pratique de la supervision d'équipe. Le directeur abandonne, pour un temps, son travail administratif, pour suivre des adolescents difficiles et les travailleurs sociaux acceptent que des intervenants, d'une autre formation de base que la leur, aient des relations régulières et privilégiées avec "leurs jeunes". De fait, les divers instruments de l'action éducative et thérapeutique sont devenus communs. L'entretien "classique", la rencontre dans un lieu hors service, le loisir ; cinéma, théâtre ou repas partagé avec le client, l'accompagnement de celui-ci dans un lieu de vie ou un centre de post-cure éloigné seront indifféremment utilisés et effectués par l'éducateur ou le psy, selon le seul principe que nous retenons aujourd'hui : priorité à la relation la plus utilisable, la plus dynamisable à un moment donné de l'histoire de la prise en charge. Celui qui a le

(1) Transcender : néologisme introduit par H. Bergson : « s'élever au-dessus d'une région de la connaissance ou de la pensée après l'avoir traversée et pénétrer dans une région supérieure ». Lalande, in *Vocabulaire technique et critique de la philosophie,* PUF.

(2) *Les parents martyrs,* op. cit.

"meilleur contact" quel que soit son statut, assure le déplacement, la visite en prison, etc. Il rendra compte à des fins d'enregistrement des données et d'élaboration d'une stratégie collective lors de la réunion de synthèse hebdomadaire, mais surtout il pourra confronter ses informations et ses opinions, partager ses doutes et ses angoisses lors de nombreuses mini-réunions informelles qui prennent par exemple pour prétexte le café du matin ou l'apéritif du soir. La "non-hiérarchisation" des modes d'intervention (ce qui veut dire que la psychothérapie analytique n'est pas une tâche plus "noble" que le travail éducatif et réciproquement) autorise la liberté de parole. A chacun d'accepter la critique de l'autre tout en refusant de se soumettre à priori à une discipline jugée plus scientifique ou plus concrète que la sienne.[1]

Ainsi, tous les jeunes sont-ils suivis simultanément par un éducateur et un psychanalyste. L'éducateur a en charge la gestion de la vie matérielle et relationnelle du patient. Le psychanalyste, dans le hic et nunc, utilisera un "faire avec" identique (repas, promenade, activités diverses...) pour essayer d'amener le psychopathe à "jouer de l'instrument psychique"[2]. Trois techniques "anti-agir" nous semblent particulièrement bien adaptées aux singularités de ces clients :

1. - Le *squiggle* verbal : Pour entrer en contact avec des enfants, D. Winnicott avait mis au point une méthode ; le jeu du *squiggle*. Il s'agit en fait de quelques traits esquissés sur le papier tantôt par l'enfant, tantôt par l'analyste et que chacun à tour de rôle s'efforce de compléter pour lui donner un sens. A la faveur de ce jeu partagé, "un espace transitionnel" s'instaure qui permet selon l'auteur « de faire naître le cas à la vie »[3]. Dans le *squiggle* verbal, nous enchaînons associativement aux paroles du patient qui est incité à poursuivre à son tour l'histoire ébauchée comme dans le jeu du "cadavre exquis". Nous utilisons de préférence un mythe ou une légende censée symboliser le jeu pulsionnel à l'ouvrage. La saga de Don Quichotte est fort prisée par le psychopathe qui vit perdu dans son rêve d'exploits guerriers, n'hésite pas

(1) Contrairement à une critique que nous avons souvent entendue à propos de nos "psychothérapies péripatéticiennes", les jeunes repèrent très vite à quel type de professionnel ils ont affaire et ils nous utilisent en conséquence.

(2) « Ce n'est point don facile de jouer de l'instrument psychique. » S. Freud, in *La technique psychanalytique.*

(3) Cf. D.W. Winnicott, *L'Arc,* n° 69.

à se battre contre les moulins à vent de rencontre et poursuit désespérément une Dulcinée qui ne peut l'aimer.

2. - Le jeu de rôles faussement spontané où deux professionnels s'affrontent fictivement sous les yeux du psychopathe interloqué et/ou ravi. Il s'agit de montrer que l'agressivité peut se négocier autrement que par les coups. La surprise est nécessaire pour créer un contact, l'humour sera ensuite l'outil privilégié pour instaurer un processus de symbolisation des pulsions chez celui pour qui l'Agir tient lieu de langage.

3. - Dans "l'entretien à géométrie variable", l'éducateur et le psy interviennent de concert auprès des jeunes psychopathes dans une rencontre qui utilise alors les combinaisons kaléidoscopiques de plusieurs praticiens de formation différente avec un ou plusieurs marginaux choisis en fonction de l'homologie de leur organisation psychique et la dysharmonie de leur évolution. Les effets de dévoilement et aussi de suggestion qui en résultent pourront paraîtrent impurs au praticien orthodoxe ; mais Freud n'a-t-il pas préconisé « d'utiliser avec les névroses actuelles une thérapeutique actuelle »[1] ? N'oublions pas qu'avec le psychopathe, il s'agit justement de passer de l'Agir à l'élaboration.

Au contact du psychopathe, c'est une véritable révolution qu'a vécue notre service, à savoir : la mort de nos certitudes théoriques initiales, la possibilité d'intégrer dans notre pratique ce que nos spécialités avaient occulté, en particulier l'économique et le social chez les psychanalystes, la dimension de l'inconscient et la dynamique transfert — contre transfert chez les travailleurs sociaux. Et surtout la nécessité de l'intervention transdisciplinaire simultanée qui ne peut être rendue possible que par l'accession à un niveau comparable de distanciation par rapport au formalisme des formations de base et par l'existence d'un "jeu" suffisant entre les différents membres de l'équipe.

Nous avons tenté d'évaluer les niveaux d'intervention dans le travail pluridisciplinaire : formaliser une échelle de niveaux ou de stades d'intervention technique dans le secteur médico-psycho-éducatif devrait permettre d'éviter une foule de malentendus et de perdre un temps considérable dans des débats sans issue. J'appellerai :

Le niveau O : sans connotation péjorative (au sens de la

---

(1) S. Freud *La technique psychanalytique* page 39.

linguistique : un élément non marqué est dit O par opposition à un élément marqué) celui des non professionnels œuvrant dans le secteur, c'est à dire :
a) le personnel des services généraux (homme d'entretien, cuisinier, lingère...) nous savons que si leur rôle est rarement reconnu, leur influence et leur impact auprès des jeunes est considérable. L'adolescent se confie plus volontiers à sa lingère qu'à son éducateur, ceci est une observation banale dans les institutions.
b) les individus de toutes professions hors du champ social qui créent des structures d'accueil, des lieux de vie ou se contentent plus modestement de faire un travail d'écoute et d'aide. On trouve parmi eux des personnages charismatiques qui arrivent à fonder des institutions durables.

Ce niveau O, celui du naïf opposé aux techniciens n'a pas fini de nous étonner, sa créativité, son efficacité souvent contestée et déniée par les professionnels mériterait d'être étudié, et nous avons à en retirer de fortes leçons.

Le niveau I : est celui des professionnels, quelque soit leur ancienneté, qui restent prisonniers d'une application dogmatique des connaissances acquises au cours de leur formation : ce sont aussi bien des éducateurs pour qui le qualificatif "spécialisé" tient lieu de passeport exclusif (« j'ai pas fait trois ans d'études pour me faire traiter de con par un jeune »), que des psys qui manifestent contre vents et marées une foi sans défaut dans la valeur de leurs techniques diagnostiques et thérapeutiques : psychométrie, chimiothérapie, psychanalyse...

Le niveau 2 : est atteint par des professionnels qui, à partir de la prise de conscience de leurs échecs, acceptent de remettre en cause leur formation initiale, hélas pour mieux s'aliéner à une autre technique, ou qui se réfugient dans une attitude de pseudo questionnement et de nihilisme militant. Une fois re-formé (re-déformé), ils se comportent comme des convertis, encore plus dogmatiques que les collègues du stade 1. Citons les éducateurs qui ne jurent plus que par la psychanalyse ou la sociologie, ou les psys devenus fervents zélateurs de la thérapie familiale et tous ceux qui croient qu'il faut laisser aller les autres au bout de leur expérience mortifère. Ils ont en commun l'absence de remise question de leur mode de fonctionnement global et leur certitude qu'un savoir, une technique pourront enfin règler les problèmes de l'inadaptation.

Le niveau 3 : serait celui des praticiens de toutes disciplines qui acceptent de tirer parti de la dimension de leur échec et qui arrivent à reconnaître que quelle que soit sa "perfection", son élaboration, toute technique spécialisée est inapte à elle seule à répondre aux défis que nous lancent les cas les plus difficiles de marginalité, de folie, de toxicomanie, etc. Ainsi arrivent-ils dans la douleur à intégrer dans leur pratique ce que leur formation avait occulté.

Récemment, un de nos plus vieux clients me disait : « Tous ensemble à la Sablière, vous avez su me donner le sentiment d'exister que je n'avais pu trouver ni dans ma famille, ni dans les autres institutions spécialisées. Sans doute parce que vous avez été des inadaptés à la société, des utopistes avec votre goût de la musique, votre tendresse démodée et votre envie de faire la fête avec vos collègues une fois la journée de travail terminée. » En transdisciplinarité aussi, l'amour vaut mieux que la guerre !

CONCLUSION

Que reste-t-il d'analytique dans notre démarche thérapeutique ? Nous sommes tentés de répondre que nous avons sacrifié le rituel pour sauvegarder l'essentiel. Le rituel, c'est-à-dire le cadre analytique classique avec divan, fauteuil, atmosphère feutrée, et neutralité bienveillante qui conviennent à merveille à la cure des névrosés. L'essentiel reste constitué :

1) des théories psychanalytiques développées par Freud et ses successeurs dont nous avons essayé de démontrer aux chapitres 4 et 5 la pertinence de modèle permettant de comprendre la psychopathie, et même de l'articuler aux autres structures psychopathologiques.

2) des moteurs principaux de la cure que sont l'utilisation de l'interprétation et les reconstructions subordonnées à l'analyse du transfert et du contre-transfert.

Selon nous, l'effort nécessaire et la volonté tenace de comprendre et de traiter le psychopathe (comme le grand psychotique et tous les "cas difficiles") se situe dans l'esprit de la psychanalyse depuis sa création : scepticisme sur la valeur de l'opinion courante, mise en question de tout ce qui est manifeste et souci constant d'élargir le champ des possibles thérapeutiques.

Si l'analyse est le lieu de la fabrication "d'une nouvelle version de l'histoire de l'individu"[1], la transdisciplinarité serait le moyen d'une écriture collective du passé terrifiant de ceux chez qui les forces de Thanatos pervertissent dangeureusement tout prise en charge duelle. Création inachevée, point de rencontre de celui qui s'estime le plus inapte à l'échange et de ceux qui se sont mis à son écoute sans parti pris, elle ne saurait être prise pour une panacée

(1) Cf. P. Aulagnier, in *Topique,* n° 31 et 32 : « Les historiens et leurs versions ».

aux problèmes des équipes médico-psycho-sociales. Nous affirmons cependant qu'en dix ans de fonctionnement auprès de psychopathes, nous avons pu vérifier que lorsque ce mode de travail ne donnait que des résultats médiocres, n'importe quelle autre méthode en donnait de pires encore ! Nous ne mésestimons pas l'énormité du travail théorique et technique qui reste à fournir pour permettre au psychopathe de passer de l'Agir à l'élaboration. Mais, nos nombreux échecs comme nos succès, nous ont aujourd'hui convaincus qu'un progrès décisif est atteint quand ceux qui, comme nous, refusent le postulat d'incurabilité, acceptent de remettre en question la sécurité de leur statut professionnel et surtout de renoncer à leur désir infantile de toute puissance, à leur mégalomanie thérapeutique.

Bref, de remettre en cause **cette envie d'une emprise solitaire sur celui que nous pouvons parfois ambitionner de sauver pour notre plus grande gloire au prix de sa plus grande perte !**

ANNEXE

Bonjour,

Je reviens du Congrès ANDESI "Alternatives et enfermement". Votre intervention m'a beaucoup interpellée. J'étais très contente d'avoir des pistes de réflexion sur ce problème énorme que pose la relation avec des psychopathes. Tout d'abord je ne savais pas quel itinéraire prendre entre "ils sont trop fous pour être considérés dans le système judiciaire de façon classique, mais ils ne le sont pas assez pour suivre le système hospitalier". J'oscillais toujours avec eux entre la délinquance et la maladie mentale.

Vous avez parlé du cas de "Béatrice et Cristophe" je pense. Pour moi, ça a été un énorme éclairage sur une relation que j'ai eue, et que je vais tenter de résumer.

Jusqu'à maintenant, j'avais l'impression d'être seule avec mes interrogations. Mon Dieu, qu'est-ce que ça fait du bien de savoir que d'autres personnes se sont penchées sur les mêmes problèmes. C'est la raison qui motive ma lettre. J'ai besoin d'un coup de main pour m'aider à clarifier cette situation vécue. Elle m'handicape actuellement dans un rapport professionnel et est pour moi source de remises en cause dont je ne possédais que des embryons de réponse.

Je vais d'abord me présenter : Je suis actuellement en formation d'éducatrice spécialisée. J'ai 25 ans. J'ai effectué l'année dernière un stage de 9 mois dans un foyer de réinsertion sociale, et cette année, je travaille en remplacements dans un foyer scolaire d'une dizaine de jeunes adolescentes.

En 1979, j'effectue un voyage au Quebec (pays natal). Je fais un chantier de travail avec "Peace Mouvement" sur Toronto durant le mois d'août, puis en septembre je rejoins Montréal et par l'intermédiaire de "Peace MVT" je rencontre une maison

Benoit Labre qui faisait office de soupe populaire pour tous les "bags people" de Montreal et qui dans la même démarche accueillait une dizaine de personnes (anciens taulards, anciens drogués, alcooliques...), enfin des "marginaux puissance X" qui donnaient tous un coup de main au fonctionnement de la maison (préparation des repas pour le midi et ouverture en plein hiver d'une salle chauffée avec café, thé, biscuits. Les températures pouvaient avoisiner — 40°).

Cette communauté est principalement anglaise, mais bon nombre de membres sont bilingues.

Je suis la seule jeune fille à pas mal de kilomètres à la ronde. J'exagère, mais à part une religieuse nous ne devons être que très peu de personnes féminines. Une femme mariée et une jeune ado y viendront vers la fin de mon séjour.

Paul sort de prison (il y a fait environ 8 ans de façon entrecoupée), il est là depuis plus de 5 mois.

Il vit retiré dans sa chambre. Descend pour les repas et pour ses tâches ménagères. Vit dans la nuit (chambre fermée). Ne parle pas. Répond aux gens cependant.

Pendant 5 mois (durée de ma présence) va s'établir entre nous une relation de plus en plus grande. Paul s'arrangeant pour se rendre utile, indispensable auprès de moi. Me demandant de plus en plus de présence. Il va devenir un rouage très important du fonctionnement de la maison : s'occuper des repas d'accueil 3 soirs par semaine, préparer des recherches de documents, démarrer un projet de "café communautaire" le dimanche.

Je le soutiendrai toujours dans ces démarches. Passant par le fait beaucoup de temps avec lui. De plus en plus de temps. Je tenterai de mettre des limites, mais qui s'avèreront très minimes, en gros j'accepterai sa demande d'accompagnement et de présence.

Nous aurons beaucoup de discussions, Paul parlant beaucoup de sa vie. De ses problèmes relationnels. Il joue sur un mode sado-maso. Un geste posé de ma part peut déclencher une foule de questionnements, de remises en cause. Passant de la déprime à l'effervescence la plus totale. Me criant sa solitude.

Il va se raccrocher à notre relation comme seule issue (et en fait ne va rencontrer que peu de gens autrement). Il va changer du tout au tout. Devenir droit, rasé, devenir cultivé, devenir engagé, devenir intéressé.

Il va aussi devenir "demandant" au niveau sexualité. Devant mon refus, qu'il remettra toujours en cause, il aura deux attitudes :

soit de le considérer comme normal, et à ce moment engagera des conversations sur sa sexualité (masturbation, homosexualité en milieu carcéral, relations avec son ex-amie...). Soit de ne pas reconnaître mon droit au "non" et essayant à ce moment là des attitudes tendant au sado-maso (en bref !). A un moment, va me dire qu'il a rencontré une femme (va me donner les détails de leur relation). Ça m'arrange d'y croire. Mais les choses restent assez claires, "simples" entre nous.

Je vais, moi, de mon côté, quitter cette communauté de façon un peu précipitée, ayant pris un engagement avec une troupe de théâtre et ayant trouvé du boulot dans une garderie d'enfants. Restant sur Montréal, je continue à voir Paul de temps en temps. Fixant d'abord la norme à un ou deux repas ou cafés ensemble par semaine. Paul ne semble vivre que pour ces temps qui deviennent de plus en plus répétés.

Il va s'arranger pour lier connaissance avec un garçon du théâtre. Evidemment, celui avec qui je partage un appartement (mais il n'est pas mon amant). Il aura ainsi plus ou moins ses entrées chez moi. Il va aussi savoir se rendre indispensable près de la démarche publicitaire du théâtre. Y aura aussi quelques entrées, que je ne refuse pas, jugeant à ce moment "bon" qu'il s'insère dans un groupe, qu'il y fasse des démarches. Qu'il crée des liens sociaux. Certains collègues, plus lucides, refuseront Paul, mais accepteront l'aide utile qu'il nous apporte.

La demande de Paul, petit à petit, va devenir plus sexualisée. Je suis son objet d'amour et désormais notre relation sera une recherche entre son désir de me posséder sexuellement et mon refus d'entrer sur ce plan. Je vais devenir de plus en plus tendue et distante. Je vais rejeter tous les "possibles" qu'il entretenait d'une relation avec moi. Lors d'une nuit, je vais aller aux toilettes. Je suis sortie de mon lit nue et comme d'habitude je ne prends pas la peine de mettre un peignoir. Mais Paul est là, à la sortie, sur le canapé, qui a les yeux grands ouverts. Cet incident va être le déclenchement d'une position de sa part de plus en plus pressante.

Il va commencer vis-à-vis de moi tout un jeu d'attaque sexuelle. Je romps tous liens avec lui. Refusant de le voir, de lui parler. Bloquant d'abord les portes de l'appartement (il y venait souvent par le biais de mon collègue, de plus, nous y vivions en communauté et la porte était toujours ouverte) puis les portes du théâtre se ferment aussi.

Je commence à avoir peur. Dans l'espace de trois mois, il trouvera un appartement proche du mien. Y pénètrera en descellant le carreau à 3 h du matin pour venir soi-disant me violer. Ma rage, ma fureur le met à terre au bas des escaliers. Y reviendra un après-midi et je m'en "sortirai" en hurlant, et en criant. Je deviens traquée. Il viendra fouiller chez moi, y volera l'alliance, cadeau de ma mère, et mon cahier, carnet de bord intime.

Puis une troisième tentative de viol sera faite où cette fois-là devant la porte défoncée, le couteau sous la gorge et son refus de partir, j'appellerai les flics avec un énorme conflit moral car il était en période de sursis et jouait beaucoup avec « tu vas me faire enfermer pour 10 ans, c'est ce que tu veux ! ». Je réponds par un oui tellement controversé qu'il sent la faille et y joue allègrement. Les flics arriveront. Et benêts — pendant qu'il (Paul) s'éclipsait — m'interrogeront sur ma vie sexuelle, mes relations, prendront mes coordonnées et j'aurais droit à un interrogatoire puant.

Heureusement pour moi, un bon ami de la troupe passera 2 minutes plus tard. Je m'effondrerai dans ses bras, sanglotante. Paul reviendra. M'épiera, attendra. Je demande à nouveau assistance policière : il leur faut un délit. Je demande assistance à un groupe de femmes : elles ne peuvent que m'aider à fuir.

Je suis traquée. En rentrant chez moi en Bretagne durant l'été, je l'y retrouverai par de longues lettres écrites à ma mère. A mon retour sur Montréal en août, sa présence ne m'est plus supportable. Deux de mes amis (bien costauds) pénètrent chez lui. Nous y allons à trois et faisont jouer "la loi du milieu", l'avertissant qu'au moindre cheveu touché que je pouvais avoir, ils le tabasseraient à mort s'il le fallait.

Trois jours plus tard, il téléphonera à la police, leur avouera son vrai nom et quelques autres méfaits... Il n'aura plus la protection du responsable de la communauté "Maison Benoit Labre" grâce à laquelle le service judiciaire, le jugeant trop "malade mental", lui avait octroyé un sursis avec obligation de domicile (à la "maison Benoit Labre"), lequel domicile, il l'avait quitté un mois après mon départ. Bon, de là, il écrit toujours à ma mère (et à moi). Je ne lui ai jamais répondu. Il a dû prendre quelques années de prison.

Je suis sortie de cette histoire avec tout d'abord un sentiment d'échec, un sentiment de culpabilité : il valait sans doute mieux ne pas lier relation, et à ce moment-là, fonctionner en bon fonc-

tionnaire de l'éducation, il valait mieux ne pas s'impliquer et surtout ne plus tenter de relation individuelle, surtout pas. Et dans l'autre sens, je maintiens que l'implication est le seul moyen viable dans un boulot éducatif.

Aujourd'hui je n'ai pas encore tous les aboutissants de cette situation. Après mon stage en foyer de réinsertion, où j'ai à nouveau défendu les termes d'implication et de relation individuelle allant avec Denys (ancien alcoolique, mais qui vit encore ce combat) prendre des cafés en ville, visiter son appartement repeint, visiter une ferme de chevaux (c'était sa grande passion), prendre des repas au "Mammouth", etc. Il sait que je vis avec un ami. Les choses semblent claires mais je sais aussi quel transfert il a sur moi. Il m'a écrit deux fois (j'ai quitté le centre en septembre dernier) demandant de mes nouvelles, désirant que l'on se rencontre plus amplement, histoire de garder l'amitié.

Mais voici la troisième lettre que je reçois et je suis toujours avec cette ambiguïté de penser que les contacts sont "les meilleurs moments" et poussent à l'évolution (Denys a lui aussi changé sa vie car en relation avec quelqu'un qui le motivait. Changé d'appartement, repris sa petite fille pour les vacances, s'est inscrit pour faire du cheval, a terminé son divorce, mais il reste très angoissé et a besoin d'un coup de main). Mais j'ai toujours aussi cette peur de retomber à nouveau dans la même situation.

J'ai aussi la même ambiguïté avec Christophe (rencontré dans ce même centre de réinsertion) qui, lui, est très proche du dessin du psychopathe. Depuis que j'ai écrit à son service de tutelle pour avoir de ses nouvelles et que le service lui a transmis les coordonnées de mon établissement, il ne cesse d'appeler pour me rencontrer (dont une fois sous alcool). Je ne sais à nouveau sur quel pied danser.

Quelles sont donc les implications possibles dans une relation thérapeutique avec des adolescents, des adultes ? Avec de plus mon statut de "jeune fille" ? Quelle est donc la place du corps dans une relation thérapeutique en partant du principe que toute relation humaine est corporelle et sexuée ? Et que le désir est à la base de toute relation. Le désir reporté sur le corps de l'autre ou reporté sur un objet ou sur un projet commun. Faut-il justement utiliser un média ? Mais avec Paul, le média (publicité, théâtre) n'avait aucune signification.

Vous m'avez donné peut-être des pistes de réponse.

La non prise en charge par une personne individuelle, toujours être deux. Et par là on aboutit à quelle emprise solitaire devons-nous refuser pour nous-mêmes. Sans doute je devrais trouver ça très "flatteur" pour mon ego personnel de voir Paul ainsi se développer. Mais j'ai appris à mes dépens le postulat que vous annoncez : Ils ne savent aimer que pas du tout ou avec passion. Et dans ce cas, il y a toujours danger de mort pour l'un et pour l'autre.

Voyez-vous, je n'arrivais pas à trouver la faille de ma relation avec Paul. Je m'en voulais juste d'avoir fait ce travail seule d'une part, mais les circonstances ne se prêtaient pas à un travail établi puisque cela se passait en dehors de tout cadre institutionnel. Et d'autre part, je m'interrogeais sur mes motivations profondes de mon agir qui se voulait thérapeutique avec lui. N'en retirais-je pas une certaine contenance ? J'avais l'impression parfois que je voulais casser "le mal" qui l'envahissait.

Voilà ce que j'écrivais quelques temps après, une année alors que je faisais un stage dans une commune thérapeutique pour schizophrènes :

Pour s'engager vers où, vers quelle solution, vers quelle relation, si j'entame avec Paul une relation qui le castrera, si pour lui notre relation ne peut être que sexuée. Un compromis existe-t-il réunissant son désir d'amour total à une personne (et ce désir souffrant d'avoir toujours été refusé) et mon impossibilité personnelle de répondre à ce désir ?

Je sais, ou je découvre que Paul ne pourra pas vivre, ne pourra pas vivre le refus. Ne pourra pas vivre d'avoir eu quelqu'un qui lui redonnait considération à lui-même, qui l'écoutait non comme un malade ou un prisonnier mais comme un Homme. Je découvrais chez lui un être souffrant et criant sa souffrance dans une solitude et une détresse sans bornes. J'ai rencontré ce Paul qui souffrait mais qui s'est mis à sourire, qui s'est mis à se prendre en charge et qui a commencé à aimer assez quelqu'un pour pouvoir donner à d'autres.

Et puis j'ai vu Paul devenir fou de détresse, fou furieux, cherchant à me briser dès que j'ai eu la moindre vélléité de refus de son désir. J'ai vu Paul se durcir et devenir inhumain. J'ai eu peur et j'ai eu mal de ne pouvoir accéder à ce qui aurait pu être la voie vers l'aboutissement et j'ai eu d'autant plus mal quand je me suis demandé : y avait-il une voie vers une vie pour Paul ? Quels étaient donc les moyens ?

J'ai toujours ces points d'interrogation. Avez-vous trouvé des solutions ? Pouvez-vous m'aider, avec vos expériences, à élucider ce champ qui pour moi s'avère encore très vaste et très sombre ?

Je m'excuse de la longueur de cette lettre.

Je pense monter à Paris du 5 au 9 juin et du 25 au 30 juin. Me serait-il possible de vous rencontrer ? Pouvez-vous le cas échéant me donner quelques pistes écrites ou quelques références bibliographiques ?

Je vous envoie une bouteille à la mer, si vous la recevez, renvoyez un message...

Merci.

BIBLIOGRAPHIE

ABRAHAM Karl, *Oeuvres complètes* 2e vol., Payot, 1973.

ANZIEU Didier, *Le moi peau*, Dunod, 1985.

ASSOUN Laurent, « De l'acte chez Freud » in Les Actes *Nouvelle Revue de Psychanalyse*, Gallimard, Printemps 1985, 145, 172.

AULAGNIER Piera, *Les destins du plaisir*, PUF, 1979.

- « Les historiens et leurs versions » in *Topique* n° 31, EPI, 1983, 5, 14.

- « Quelqu'un a tué quelque chose » in *Topique* n° 35-36, EPI, 1985, 265-295.

- *L'apprenti historien et le maître sorcier*, PUF, 1984.

BALINT Michael, *Le défaut fondamental*, Payot, 1971.

BERGERET Jean, *La violence fondamentale, l'inépuisable Oedipe*, Dunod, 1984.

BERGERET Jean, REID Wilfrid, *Narcissisme et états limites,* Dunod, 1986.

BOGORATZ Pierre, « Psychanalyse, psychanalystes, institutions », in *Topique* n° 26, EPI, 1980, 115-126.

CHARTIER Jean-Pierre et Laetitia, *Les parents martyrs :* passions, haines et vengeances d'adolescents, Privat, 1982.

- « Aspects de la psychiatrie en Chine » in *Liaisons*, n° 104, 1978.

- Intervention au congrès de la Société Européenne de Neuropsychiatrie de l'enfant et de l'adolescent, Publication Lausanne, juilllet 1983.

- « La psychopathie, les psychopathes et les transdisciplinarités », in *Nouvelle Revue de Psychologie*, n° 2-3, Institut Européen de Psychologie, 1985, 149-165.

CHARTIER Laetitia, « Psychanalyse et réalité », in *Topique* n° 32, EPI, 1984, 7-20.

CHARTIER Jean-Pierre, « De quelques difficultés rencontrées dans le fonctionnement pluridisciplinaire d'une équipe de soins à domicile », in *Neuropsychiatrie de l'Enfance*, Oct. 1981.

- « L'analyste et le psychopathe » in *Topique* n° 26, EPI, 1980, 101-116.

- « La vie : rien devant soi ». Essai sur la dépression anaclitique de l'adulte, in *Topique,* n° 30, EPI, 1983, 113-126.
- « Le jeune psychopathe et son équipe », in *Transitions* n° 18 : Les lieux où l'on vit, 3e trimestre 1984-1985, 67-72.
- « De la pluridisciplinarité à la transdisciplinarité » ; « L'analyste et le psychopathe II », in *Topique,* n° 33, EPI, 1984, 95-110.

CHARTIER Jean-Pierre, JACQUEMAIN Claude, *Le devenir des enfants caractériels dits pervers à l'âge adulte*, Mémoire pour le doctorat de 3e cycle, Directeur de thèse : Mme le Professeur Favez-Boutonier, Paris, 1969.

CHASSEGUET SMIRGEL Janine, *L'acting-out ou passage à l'acte,* Conférence prononcée au Congrès de Montréal, Nov. 1985.

COURTEMANCHE Marcel, « Une approche phénoménologique de la personnalité criminelle » in *Nouvelle Revue de Psychologie* n° 2-3, Institut Européen de Psychologie, 1985, 129-142.

DAUMEZON Georges, « La rencontre avec la perversion », in *L'Inconscient* n° 2, PUF, 1967, 1-10.

DEBRAY Quentin, *Le psychopathe*, PUF, Nodules, 1981.

DIATKINE Gilbert, *Les transformations de la psychopathie*, PUF, 1984.
- « Psychopathie chez l'enfant et l'adolescent », in *Traité de psychiatrie de l'enfant et l'adolescent II*, PUF, 1985, 225-265.

DIEDERICHS Alain, « Le temps des expertises dans la vie des psychopathes », in *Confrontations psychiatriques*, Spécia, 1980,151-158.

DSM 3 American Psychiatric Association, *Diagnostical and statistical manuel for mental desorders*, 1980.

ENGELMAJER Lucien, *Le Patriarche*, Stock, 1977.

ENRIQUEZ Micheline, *Aux carrefours de la haine*, EPI, 1984.

FREUD Sigmund, *Métapsychologie*, Idées NRF, 1968.
- *Études sur l'hystérie*, PUF, 1975.
- « Observations sur l'amour de transfert », in *De la technique psychanalytique*, PUF, 1953, 116-130.
- « De la psychothérapie », in *De la technique psychanalytique*, PUF, 1953, 9-22.
- « Dynamique du transfert », in *De la technique psychanalytique*, PUF, 1953, 50-60.
- « Esquisse d'une psychologie scientifique », in *La naissance de la Psychanalyse*, PUF, 1973, 313-396.
- « Le criminel par sentiment de culpabilité », in *Essais de Psychanalyse appliquée*, NRF, Coll. Idées, 1971, 133-136.
- « L'intérêt de la psychanalyse », in *Résultats, idées, problèmes,* PUF, 1984, 187-213.

- « Personnages psychopathiques sur la scène », in *Résultats, idées, problèmes*, PUF, 1984, 123-129.
- « Analyse terminée analyse interminable », in *Analectes*, Théraplix, 1970.
- *Nouvelles conférences sur la psychanalyse*, Idées NRF, 1971.

GLASSER William, *Reality therapy*, EPI, 1984.

GUILLARME J., FUGUET Philippe, *Les enfants du divorce,* ESF, 1985.

HELLBRUNN Richard, *Pathologie de la violence*, Ed. Réseaux, 1982.

HOCHMANN J., ROUSTANG R., REBATAN N., « Quelques aspects cliniques des psychopathies », in *Confrontations psychiatriques*, Spécia, 1980, 59-70.

LACAN Jacques, *Les écrits*, Seuil, 1966.

LALANDE André, *Vocabulaire technique et critique de la philosophie*, PUF, 1972.

LANDES FUSS Marie-Gisèle, *Une baraque rouge et moche comme tout à Venice, Amérique*, Gallimard, 1982.

LAPLANCHE Jean, PONTALIS J.-B., *Vocabulaire de psychanalyse,* PUF, 1968.

LEBOVICI Serge, DIATKINE René, SOULÉ Michel, DIATKINE Gilbert, *Traité de psychiatrie de l'enfant et l'adolescent,* 3 vol., PUF, 1985.

MAC DOUGALL Joyce, *Théâtre du Je*, Gallimard, 1982.

MAGOUDI Ali, « Revue critique de la littérature sur les toxicomanies », in *La psychiatrie de l'enfant*, vol. 28, PUF, 1985,259-294.

MAJOR René, *Rêver l'autre*, Aubier Montaigne, 1977.

MESRINE Jacques, *L'instinct de mort,* Champ libre, 1984.

MISSENARD André, « Narcissisme et rupture », in *Crise, rupture et dépassement*, Dunod, 1980, 82-104.

MISSENARD Frédéric, « Mémoire pour le CES de psychiatrie : *Adolescence d'enfants carencés, séparés et placés :* narcissisme, roman familial et maladie de l'idéal, 1984.

NICOLAS Aimé Charles, « A propos des conduites ordaliques : une stratégie contre les psychoses », in *Topique* n° 35-36, EPI, 1985, 207-229.

PASCALIS G., « Confrontations psychiatriques consacrées aux psychopathes » in *Spécia*, 1980.

PONTALIS J.-B., « Aux limites de l'analysable », in *Nouvelle Revue de Psychanalyse* n° 10, Gallimard, 1974, 5-16.

RACAMIER Paul-Claude, *Le psychanalyste sans divan*, Payot, 1970.

SANDRETTO Jean, « Pulsion d'emprise et narcissisme », in *Topique,* n° 35-36, EPI, 1985, 231-242.

SELOSSE Jacques, « L'éducateur et la recherche », in *Rééducation,* n° 169, janvier-février 1965, 1-23.

SERENY Gitta, *Meurtrière à 11 ans, le cas Mary Bell*, Denoël-Gonthier, 1974.

VAILLANT Maryse, *Le comportementalisme*, Journées d'étude, Vaucresson, 1985.

WATZLAVICK Paul, *Faites vous-même votre malheur*, Seuil, 1984.

WINNICOTT Donald-W., « Socrate analyste », in *L'Arc* n° 69, 1977, 1-3.

YOCHELSON Samuel, SAMENOV Stanton, « *The criminal personnality* : a profil for change », New-York, Jason Aronson, 1976.
- « *The criminal personnality* : the change process », New-York, Jason Aronson, 1977.

YORK Clifford, « A critical review of some psychanalytical litterature on drug addition », in *British Journal Medical Psychology*, 1978, 141-159.

ZALTZMAN Nathalie, « La pulsion anarchiste », in *Topique,* n° 24, EPI. 1980.

Table des matières

Ouvrages publiés par Hommes & Groupes éditeurs

Dr Richard MEYER : Les Thérapies corporelles.

Max PAGÈS : Trace ou sens. *Le système émotionnel.*

Sidney ROSEN : Ma voix t'accompagnera. *Milton H. Erickson raconte.*

Janet FRAME : Parmi les buissons de Matagouri.

Saïda ELKEFI, avec la collaboration du Dr. P. Jacquemart : Secrets des Indes pour dompter vos nerfs et vos douleurs.

Michel PETIT : Montre-moi ton corps, je te dirai qui tu es.

Achevé d'imprimer
par Corlet, Imprimeur, S.A.
14110 Condé-sur-Noireau

N° d'Imprimeur : 9151
Dépôt légal : août 1986
Imprimé en France